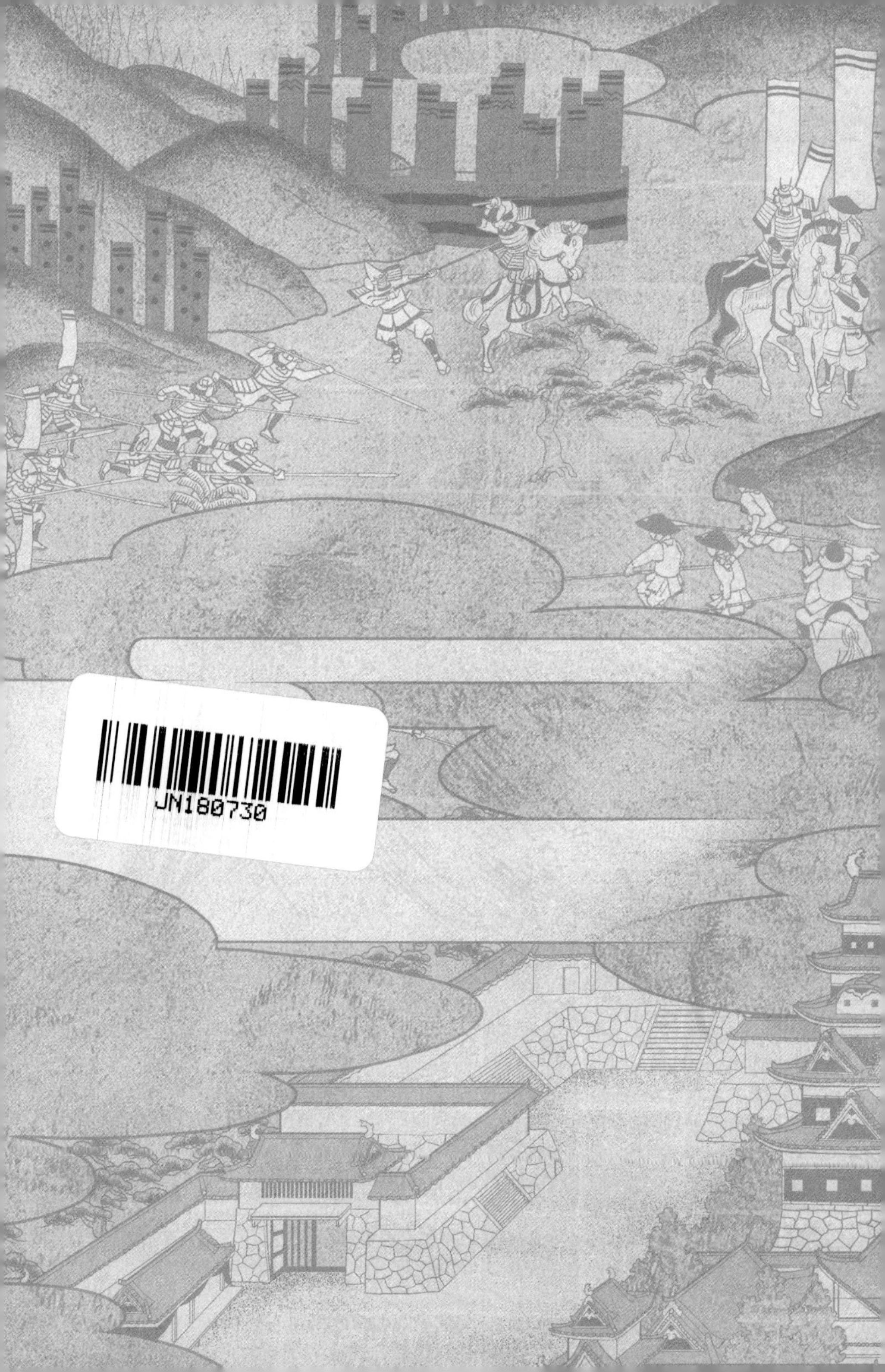

コミック版 日本の歴史54

橋本左内

Sanai Hashimoto

Legendary Heroes of The End of shogunate and The Meiji Restoration

幕末・維新人物伝

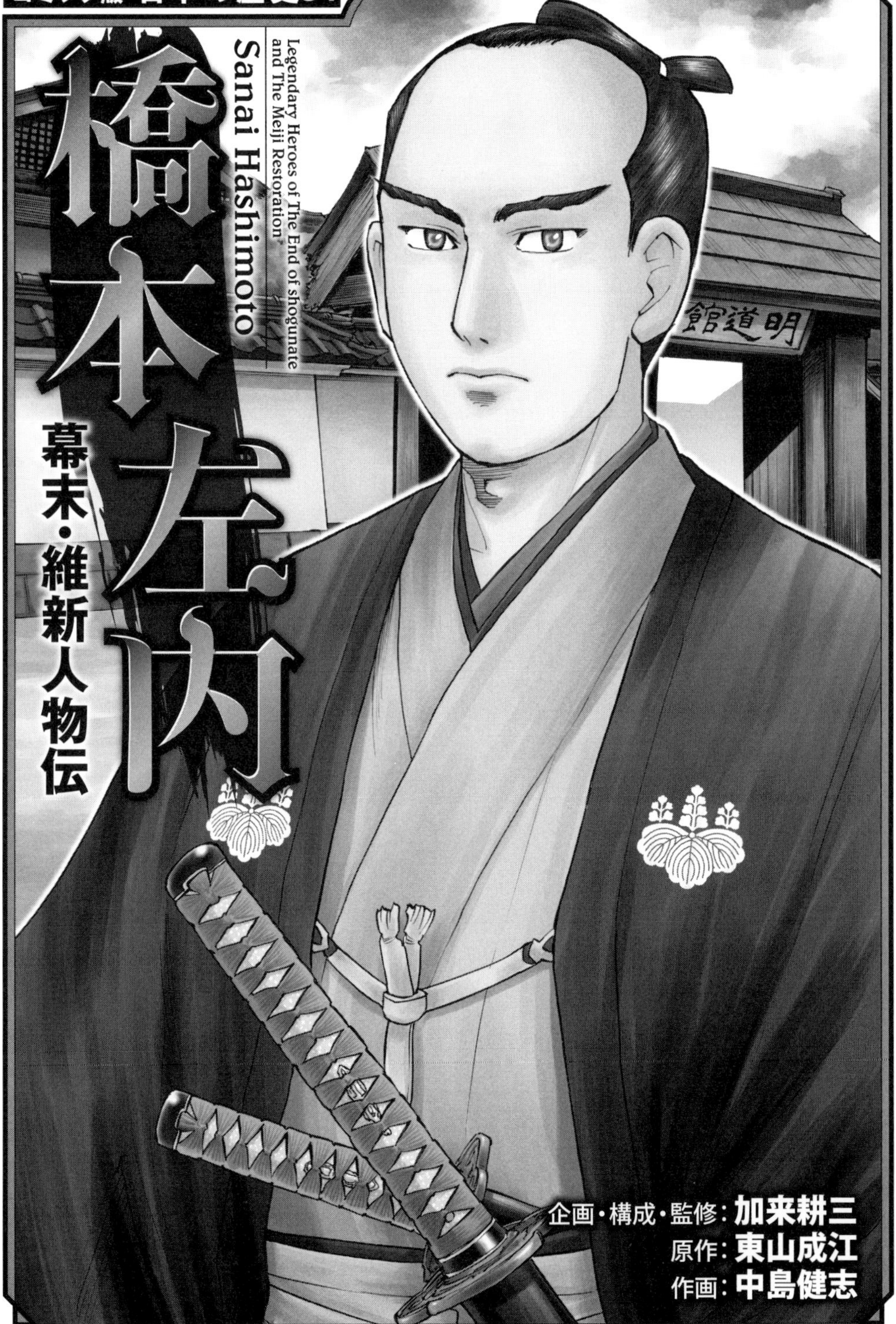

企画・構成・監修：加来耕三
原作：東山成江
作画：中島健志

《おもな登場人物《とうじょうじんぶつ》》

松平慶永《まつだいらよしなが》(春嶽《しゅんがく》)

福井藩《ふくいはん》16代藩主《だいはんしゅ》。徳川《とくがわ》将軍家《しょうぐんけ》の一族《いちぞく》である御家門《ごかもん》として幕政《ばくせい》にもかかわる。次期将軍《じきしょうぐん》をめぐる対立《たいりつ》に敗《やぶ》れ、隠居謹慎《いんきょきんしん》するが、のちに政事総裁職《せいじそうさいしょく》として幕政《ばくせい》に復帰《ふっき》した。

橋本左内《はしもとさない》

福井藩士《ふくいはんし》。大坂《おおさか》の適塾《てきじゅく》（適々斎塾《てきてきさいじゅく》）で学《まな》んだのち、福井藩《ふくいはん》の藩校《はんこう》・明道館《めいどうかん》の学監同様心得《がっかんどうようこころえ》に任命《にんめい》される。藩主《はんしゅ》・松平慶永《まつだいらよしなが》のもと、次期将軍《じきしょうぐん》に一橋慶喜《ひとつばしよしのぶ》を推《お》し、日本《にほん》を開国《かいこく》へ導《みちび》くため奔走《ほんそう》する。慶永《よしなが》が次期将軍《じきしょうぐん》をめぐる対立《たいりつ》に敗北《はいぼく》すると、安政《あんせい》の大獄《たいごく》で幕府《ばくふ》に捕《と》らえられる。

鈴木主税《すずきちから》

福井藩士《ふくいはんし》。藩主《はんしゅ》・松平《まつだいら》慶永《よしなが》の側近《そっきん》として仕《つか》え、藩政改革《はんせいかいかく》に努《つと》める。藤田東湖《ふじたとうこ》と親交《しんこう》があり、左内《さない》を見出《みいだ》した。

緒方洪庵《おがたこうあん》

備中国出身《びっちゅうのくにしゅっしん》の医学者《いがくしゃ》・蘭学者《らんがくしゃ》。江戸《えど》・長崎《ながさき》で学《まな》んだのち、大坂《おおさか》で蘭《らん》学塾《がくじゅく》・適塾《てきじゅく》を開《ひら》き、左内《さない》ら若者《わかもの》を指導《しどう》した。

三岡石五郎《みつおかいしごろう》(由利公正《ゆりきみまさ》)

福井藩士《ふくいはんし》。西洋流砲術《せいようりゅうほうじゅつ》を学《まな》び、藩校《はんこう》・明道館《めいどうかん》の講師《こうし》となる。のちに明治政府《めいじせいふ》に登用《とうよう》され、『五箇条《ごかじょう》の御誓文《ごせいもん》』の草案《そうあん》をつくる。

藤田東湖《ふじたとうこ》

水戸藩士《みとはんし》。儒学者《じゅがくしゃ》。尊《そん》皇攘夷《のうじょうい》を掲《かか》げる水戸《みと》学《がく》の大家《たいか》として、多《おお》くの志士《しし》に影響《えいきょう》を与《あた》えた。江戸《えど》で左内《さない》と会見《かいけん》し、意見《いけん》を交《か》わす。

吉田松陰《よしだしょういん》

長州藩出身《ちょうしゅうはんしゅっしん》の思想家《しそうか》。みずからの開《ひら》いた松下村塾《しょうかそんじゅく》で、明治維新《めいじいしん》で活躍《かつやく》する多数《たすう》の志士《しし》を育《そだ》てる。幕府《ばくふ》を批判《ひはん》したことで、安政《あんせい》の大獄《たいごく》で捕《と》らえられる。

西郷吉之助《さいごうきちのすけ》(隆盛《たかもり》)

薩摩藩士《さつまはんし》。薩摩藩主《さつまはんしゅ》・島津斉彬《しまづなりあきら》のもと、一橋慶喜《ひとつばしよしのぶ》を次期将軍《じきしょうぐん》にするため活動《かつどう》する。のちに明治政府《めいじせいふ》の要職《ようしょく》につくが、その後政府《ごせいふ》を離《はな》れ、西南戦争《せいなんせんそう》で叛乱軍《はんらんぐん》の大将《たいしょう》となる。

孝明天皇《こうめいてんのう》

第《だい》121代天皇《だいてんのう》。攘夷《じょうい》を強《つよ》く望《のぞ》み、幕府《ばくふ》が朝廷《ちょうてい》の許《ゆる》しを得《え》ずに外国《がいこく》と通商条約《つうしょうじょうやく》を結《むす》んだことに抗議《こうぎ》する。

横井小楠《よこいしょうなん》

熊本藩士《くまもとはんし》。儒学者《じゅがくしゃ》。先進的《せんしんてき》な思想《しそう》を持《も》ち、政治顧問《せいじこもん》として福井藩《ふくいはん》に招《まね》かれる。福井藩《ふくいはん》の思想的《しそうてき》な道《みち》しるべとして、左内《さない》ら藩士《はんし》を導《みちび》いた。

井伊直弼《いいなおすけ》

彦根藩《ひこねはん》13代藩主《だいはんしゅ》。次期将軍《じきしょうぐん》に紀伊藩主《きいはんしゅ》・徳川慶福《とくがわよしとみ》を擁立《ようりつ》し、福井藩《ふくいはん》の松平慶永《まつだいらよしなが》など一橋慶喜《ひとつばしよしのぶ》を推《お》す一橋派《ひとつばしは》と対立《たいりつ》した。外交《がいこう》については開国《かいこく》の立場《たちば》をとり、幕府《ばくふ》の大老《たいろう》に就任《しゅうにん》すると、朝廷《ちょうてい》の許《ゆる》しを得《え》ずに日米修好通商条約《にちべいしゅうこうつうしょうじょうやく》を結《むす》ぶ。安政《あんせい》の大獄《たいごく》で左内《さない》ら一橋派《ひとつばしは》の志士《しし》を弾圧《だんあつ》した。

長野主膳《ながのしゅぜん》

彦根藩《ひこねはん》の国学者《こくがくしゃ》。彦根《ひこね》藩主《はんしゅ》・井伊直弼《いいなおすけ》の腹心《ふくしん》として、徳川慶福《とくがわよしとみ》を次期将軍《じきしょうぐん》とするべく活動《かつどう》する。一橋慶喜《ひとつばしよしのぶ》を擁立《ようりつ》する左内《さない》らとは対立《たいりつ》した。

コミック版《ばん》 日本《にほん》の歴史《れきし》54
幕末《ばくまつ》・維新人物伝《いしんじんぶつでん》
橋本左内《はしもとさない》

もくじ

※この作品《さくひん》は、歴史文献《れきしぶんけん》をもとにまんがとして再構成《さいこうせい》したものです。
※ 本編《ほんぺん》では、人物《じんぶつ》の年齢表記《ねんれいひょうき》はすべて数《かぞ》え年《どし》とします。
※ 本編《ほんぺん》では、人物《じんぶつ》の幼名《ようみょう》など、名前《なまえ》を一部省略《いちぶしょうりゃく》しております。

第《だい》一章《しょう》　福井《ふくい》の神童《しんどう》

福井藩《ふくいはん》…現在《げんざい》の福井県福井市《ふくいけんふくいし》に藩庁《はんちょう》（役所《やくしょ》）を置《お》いた藩《はん》。徳川家《とくがわけ》の一門《いちもん》である親藩《しんぱん》の一《ひと》つ。

下《した》にぃ
下《した》に……
天保《てんぽう》十四（1843）年《ねん》
越前福井藩《えちぜんふくいはん》十六代藩主《だいはんしゅ》として
松平慶永《まつだいらよしなが》（春嶽《しゅんがく》）が江戸《えど》から福井入《ふくいい》りした
下《した》にぃ
下《した》に……

チラッ
橋本左内《はしもとさない》 10歳《さい》
むっ!
これ! 頭《あたま》を低《ひく》く
どうした? やけに ご機嫌《きげん》じゃあないか
父上《ちちうえ》には内緒《ないしょ》です
左内《さない》の父《ちち》 橋本彦也《はしもとげんや》
この少年《しょうねん》が のちに幕末《ばくまつ》の名《な》だたる志士《しし》たちに影響《えいきょう》を与《あた》えやがて日本《にほん》を変《か》えるほどの人物《じんぶつ》に成長《せいちょう》するのである
お殿様《とのさま》と一瞬《いっしゅん》目《め》が合《あ》った! 聡明《そうめい》な眼《まなこ》をされていた……

聡明《そうめい》…理解力《りかいりょく》や判断力《はんだんりょく》が優《すぐ》れているさま。

藩医《はんい》…藩《はん》に仕《つか》えた医師《いし》。越前国《えちぜんのくに》…現在《げんざい》の福井県北部《ふくいけんほくぶ》。福井城《ふくいじょう》…現在《げんざい》の福井県福井市《ふくいけんふくいし》にあった城《しろ》。

左内《さない》は天保《てんぽう》五（1834）年《ねん》
藩医《はんい》の父《ちち》・彦也《げんや》と母《はは》・梅尾《うめお》の長男《ちょうなん》として
越前国《えちぜんのくに》・福井城下《ふくいじょうか》に生《う》まれた
本《ほん》は左内《さない》のごはんですね
左内《さない》の母《はは》 梅尾《うめお》
幼少《ようしょう》より漢文《かんぶん》に親《した》しみ十歳《さい》にして『三国志《さんごくし》』を読《よ》みこなしたという
三國志
やーい 青《あお》ビョウタン
本《ほん》を返《かえ》せーっ

おめぇ こんな難《むずか》しい本《ほん》 読《よ》んで何《なに》になる？
ハァ ハァ ハァ
私《わたし》は大《おお》きくなったら お殿様《とのさま》のために 働《はたら》きたい！
この国《くに》を よくしたいのだ
本《ほん》なんか読《よ》んでも 世《よ》の中《なか》が 変《か》わるものか！
ただ読《よ》むだけ じゃだめだ
その知識《ちしき》を 人々《ひとびと》の暮《く》らしに 役《やく》立《だ》てて はじめて 世《よ》の中《なか》がよくなるんだ
この頃《ころ》 日本中《にほんじゅう》で 凶作《きょうさく》による一揆《いっき》が 多発《たはつ》しており――
福井藩《ふくいはん》も百万両近《ひゃくまんりょうちか》い 多額《たがく》の借金《しゃっきん》を抱《かか》えて困窮《こんきゅう》していた

一揆《いっき》…農民《のうみん》や武士《ぶし》などが、幕府《ばくふ》・領主《りょうしゅ》・代官《だいかん》などの圧政《あっせい》に抵抗《ていこう》するために、集団《しゅうだん》で反抗《はんこう》した運動《うんどう》。 困窮《こんきゅう》…困《こま》り果《は》てること。

藩儒《はんじゅ》…藩《はん》に仕《つか》えた儒学者《じゅがくしゃ》。 アヘン戦争《せんそう》…1840〜1842年《ねん》、イギリスと清《しん》との間《あいだ》で行《おこな》われた戦争《せんそう》。 清《しん》…1616〜1912年《ねん》にあった中国最後《ちゅうごくさいご》の王朝《おうちょう》。

左内《さない》は十二歳《さい》になると
藩儒《はんじゅ》・吉田東篁《よしだとうこう》の塾《じゅく》で学《まな》んだ
吉田東篁《よしだとうこう》
世界《せかい》は広《ひろ》い！ 海《うみ》の外《そと》で 今《いま》何《なに》が起《お》こっているか 知《し》ることこそが肝心《かんじん》です
世《よ》の中《なか》の混乱《こんらん》を静《しず》め 人々《ひとびと》が安心《あんしん》して暮《く》らせる ような方法《ほうほう》を 皆《みな》で 勉強《べんきょう》して参《まい》りましょう！
当時《とうじ》 西洋列強《せいようれっきょう》が植民地《しょくみんち》を求《もと》めて アジアに進出《しんしゅつ》しており アヘン戦争《せんそう》で清《しん》(中国《ちゅうごく》)がイギリスに 惨敗《ざんぱい》――
清《しん》
日本《にほん》
はい！
日本《にほん》も対岸《たいがん》の火事《かじ》では 済《す》まなくなっていた

文臣《ぶんしん》 銭《ぜに》を～…政治家《せいじか》がお金《かね》を欲《ほ》しがらず、軍人《ぐんじん》が国《くに》のために死《し》を恐《おそ》れなければ、世《よ》の中《なか》は平和《へいわ》だ。

岳飛《がくひ》…宋《そう》の武将《ぶしょう》。

「文臣《ぶんしん》 銭《ぜに》を愛《あい》せず 武臣《ぶしん》 死《し》を惜《お》しまざれば 即《すなわ》ち天下平《てんかたい》らかなり」……か
岳飛《がくひ》は中国史上《ちゅうごくしじょう》 最《もっと》も優《すぐ》れた武将《ぶしょう》だ
官僚《かんりょう》たちに濡《ぬ》れ衣《ぎぬ》を着《き》せられて 刑死《けいし》しなければ 金《きん》の侵略《しんりゃく》から 宋《そう》を救《すく》っていただろう
景岳
左内《さない》は中国《ちゅうごく》の英雄《えいゆう》 岳飛《がくひ》を敬愛《けいあい》し 自《みずか》らを「景岳《けいがく》」と号《ごう》した
私《わたし》も彼《かれ》の志《こころざし》のように まっすぐに生《い》きたい

刑死《けいし》…処刑《しょけい》されて死《し》ぬこと。

金《きん》…１１１５～１２３４年《ねん》にあった中国《ちゅうごく》の王朝《おうちょう》。満州《まんしゅう》の女真族《じょしんぞく》によって建国《けんこく》された。

宋《そう》…９６０～１２７９年《ねん》にあった中国《ちゅうごく》の王朝《おうちょう》。

号《ごう》した…号《ごう》は、学者《がくしゃ》や画家《がか》などが本名《ほんみょう》のほかに使《つか》う名《な》。この名《な》を名乗《なの》ることを号《ごう》するという。

三年後《ねんご》の ある日《ひ》――
小刀《こがたな》で指《ゆび》を切《き》っちまった
おうチビ左内《さない》 いいところに来《き》た
お前《まえ》は医者《いしゃ》の子《こ》だろ この傷《きず》 治《なお》してくれよ
ほれほれ 早《はや》く！
くすくす
……
がしっ
カッ
では早速《さっそく》
な 何《なに》するざぁ!?

切創《せっそう》の治療《ちりょう》は知《し》らぬが
火傷《やけど》の治療《ちりょう》なら
知《し》っている
だから 火傷《やけど》にして
治療《ちりょう》しようとした
までです
な なんて奴《やつ》だ
同輩《どうはい》に侮《あなど》られるのは
私《わたし》に弱《よわ》いところが
あるからではないのか
こんな私《わたし》が はたして
岳飛《がくひ》のような人物《じんぶつ》に
なれるのだろうか？

切創《せっそう》…刃物《はもの》でつけた傷《きず》。

むくり
このままではいけない！
今《いま》の気《き》持《も》ちを
忘《わす》れないように
書《か》き留《と》めておかねば
子《こ》どもじみた心《こころ》は捨《す》て去《さ》ろう
（稚心《ちしん》を去《さ》る）
誰《だれ》にも負《ま》けないという強《つよ》い意志《いし》を持《も》とう
（気《き》を振《ふる》う）
ゆるぎない心《こころ》で目標《もくひょう》を持《も》って行動《こうどう》しよう
（志《こころざし》を立《た》てる）

たくさん勉強《べんきょう》して
己《おのれ》を磨《みが》こう
（学《がく》に勉《つと》める）
真《しん》の友《とも》だちを
見《み》きわめよう
（交友《こうゆう》を択《えら》ぶ）
この『啓発録《けいはつろく》』を記《しる》した時《とき》
左内《さない》は まだ十五歳《さい》であった
ニャア
嘉永《かえい》二（1849）年《ねん》 冬《ふゆ》
十六歳《さい》になった左内《さない》は 西洋《せいよう》医学《いがく》の
権威《けんい》・緒方洪庵《おがたこうあん》の適塾《てきじゅく》に
入門《にゅうもん》するため 大坂《おおさか》に向《む》かった
福井《ふくい》
京都《きょうと》
大坂《おおさか》
……っと
失礼《しつれい》！

適塾《てきじゅく》…緒方洪庵《おがたこうあん》の開《ひら》いた蘭学塾《らんがくじゅく》。正《ただ》しくは適々斎塾《てきてきさいじゅく》といい、適塾《てきじゅく》は通称《つうしょう》。

適適斎塾
号《ごう》の「景岳《けいがく》」とは岳飛《がくひ》を慕《した》ってのことですかな？
緒方洪庵《おがたこうあん》
はい
たとえ岳飛《がくひ》のように志半《こころざしなか》ばで倒《たお》れようとも……と
今《いま》日本《にほん》は飢饉《ききん》や疫病《えきびょう》の蔓延《まんえん》……さらには夷狄《いてき》の脅威《きょうい》で全国的《ぜんこくてき》に疲弊《ひへい》し衰弱《すいじゃく》しています
私《わたし》は「大医《たいい》」になってこの国《くに》を治療《ちりょう》したいのです

飢饉《ききん》…天候《てんこう》不順《ふじゅん》などで農作物《のうさくぶつ》の収穫《しゅうかく》が少《すく》なく、食糧《しょくりょう》が不足《ふそく》すること。

夷狄《いてき》…外国人《がいこくじん》を敵意《てきい》を持《も》って呼《よ》ぶ語《ご》。

大医《たいい》…非常《ひじょう》に優《すぐ》れた医者《いしゃ》。

医《いや》す……病気《びょうき》を治《なお》す。

「小医《しょうい》は病《やまい》を医《いや》し中医《ちゅうい》は人《ひと》を医《いや》し大医《たいい》は国《くに》を医《いや》す」……ですね
はい洪庵先生《こうあんせんせい》
病《やまい》や人《ひと》を治《なお》すのはもちろんのこと今《いま》 この国《くに》は大医《たいい》をこそ必要《ひつよう》としています
ここは あなたのような方《かた》のために開《ひら》かれています
ようこそ適塾《てきじゅく》へ！
ともに励《はげ》みましょう――しかし大事《だいじ》を成《な》すにはあせりは禁物《きんもつ》ですよ
よろしくお願《ねが》いします
はいっ！
適適齋塾

――それから二年《ねん》の歳月《さいげつ》が流《なが》れた
ほほー
梅田雲浜先生《うめだうんぴんせんせい》が京都《きょうと》で塾《じゅく》を任《まか》されたらしいぞ
雲浜先生《うんぴんせんせい》といえばわが藩《はん》の隣《となり》 小浜藩《おばまはん》の高名《こうめい》な儒学者《じゅがくしゃ》!
びくっ
これはぜひお話《はなし》をうかがいに行《い》かねば!
左内《さない》は洪庵《こうあん》の許《ゆる》しを得《え》て京都《きょうと》へ向《む》かった

小浜藩《おばまはん》…現在《げんざい》の福井県小浜市《ふくいけんおばまし》に藩庁《はんちょう》を置《お》いた藩《はん》。

京都《きょうと》・望楠軒《ぼうなんけん》
お隣《となり》の福井藩《ふくいはん》にも君《きみ》のように崇高《すうこう》な志《こころざし》を持《も》った若者《わかもの》がおったとは 心強《こころづよ》い！
梅田雲浜《うめだうんぴん》
いえ 私《わたし》など……国《くに》のために何《なに》をすればよいかわからず 学問《がくもん》に逃《に》げているにすぎません
高《たか》く跳《と》ぶ前《まえ》には低《ひく》くかがまねばならぬものだ
君《きみ》は間違《まちが》っておらぬ！今《いま》は勉学《べんがく》に励《はげ》むがよろしい
……恐《おそ》れ入《い》ります

望楠軒《ぼうなんけん》…京都《きょうと》の儒学者《じゅがくしゃ》・若林強斎《わかばやしきょうさい》の開《ひら》いた塾《じゅく》。

そういえば 熊本藩《くまもとはん》の
横井小楠先生《よこいしょうなんせんせい》が今《いま》
大坂《おおさか》にいらっしゃる
一度《いちど》お会《あ》いに
なられては
いかがかな？
ええ！
ぜひ
小楠先生《しょうなんせんせい》か……
学識《がくしき》の優《すぐ》れた方《かた》だと聞《き》くが
どんな方《かた》だろう
大坂《おおさか》・小楠寄宿先《しょうなんきしゅくさき》
おお 君《きみ》が福井《ふくい》の
橋本左内君《はしもとさないくん》か
横井小楠《よこいしょうなん》
お初《はつ》に お目《め》に
かかります
うむ 話《はなし》は
三寺君《みつでらくん》から
聞《き》いておるぞ

熊本藩《くまもとはん》…現在《げんざい》の熊本県《くまもとけん》熊本市《くまもとし》に藩庁《はんちょう》を置《お》いた藩《はん》。

三寺《みつでら》…福井藩士《ふくいはんし》・三寺三作《みつでらさんさく》のこと。横井小楠《よこいしょうなん》の評判《ひょうばん》を聞《き》き、福井《ふくい》から熊本《くまもと》まで講義《こうぎ》を受《う》けに行《い》った。

一献《いっこん》どうじゃ？
お注《つ》ぎします
おお すまんね オイは熊本《くまもと》では 煙《けむ》たがられて おってなァ
福井藩《ふくいはん》は そんなオイを 招聘《しょうへい》したいとまで 言《い》うてくれた
そうでしたか
うむ……ばってん 今《いま》や熊本《くまもと》だ福井《ふくい》だと 言《い》うてはおれぬ 世《よ》の中《なか》になった
清《しん》を蹂躙《じゅうりん》した夷狄《いてき》の 次《つぎ》の狙《ねら》いは日本《にほん》です
さよう！ わが国《くに》が 夷狄《いてき》に対抗《たいこう》するには 諸侯《しょこう》が幕府《ばくふ》のもと 力《ちから》を合《あ》わせて――
朝廷《ちょうてい》とも協力《きょうりょく》して この日本《ひのもと》を一《ひと》つにまとめ なければなりません！

招聘《しょうへい》…礼《れい》を尽《つ》くして人《ひと》を招《まね》くこと。

さすが福井《ふくい》の俊才《しゅんさい》たい 左内君《さないくん》！ もっと話《はな》ばせんか
おーい女将《おかみ》 もう一膳《ぜん》 用意《ようい》してくれ
このののち 小楠《しょうなん》は福井《ふくい》に滞在《たいざい》し 藩士《はんし》からの絶大《ぜつだい》な支持《しじ》を得《え》た
適塾《てきじゅく》でオランダ語《ご》を猛勉強《もうべんきょう》した左内《さない》は やがて洪庵《こうあん》の横《よこ》で 翻訳《ほんやく》の手伝《てつだ》いを 任《まか》されるようになる
左内君《さないくん》
異国事情《いこくじじょう》の研究《けんきゅう》は大《おお》いに結構《けっこう》だが それを よそで声高《こわだか》に語《かた》るのは 控《ひか》えたほうがよろしい
どういうこと でしょうか？ 洪庵先生《こうあんせんせい》

鎖国《さこく》…外国《がいこく》との貿易《ぼうえき》や交通《こうつう》を、禁止《きんし》したり極端《きょくたん》に制限《せいげん》したりすること。

わが国《くに》が鎖国《さこく》している以上《いじょう》
異国《いこく》の思想《しそう》は世《よ》を乱《みだ》すとして
幕府《ばくふ》から厳《きび》しい追及《ついきゅう》を
受《う》けぬとも限《かぎ》らん
しかし
黙《だま》っていては大医《たいい》に
たどり着《つ》けません！
適適齋塾
よく聞《き》きなさい
近《ちか》い将来《しょうらい》 病《やまい》に臥《ふ》した日本《にほん》が
君《きみ》の治療《ちりょう》を必要《ひつよう》とする日《ひ》が
きっと来《く》る！
ばっ
先生《せんせい》……
その肝心《かんじん》な時《とき》に
君《きみ》がいなかったら
この国《くに》はどうなる？
今《いま》はじっと息《いき》を殺《ころ》し
力《ちから》を蓄《たくわ》えておくのだ
来《きた》るべき
その時《とき》に備《そな》えて
……
はい……

むくり
左内《さない》の奴《やつ》 夜《よ》な夜《よ》などこへ出《で》かけているんだろう
女子《おなご》のところじゃないのか？
けしからん後《あと》をつけてみようぜ
おい……あれ

華岡青洲《はなおかせいしゅう》……紀伊国《きいのくに》（現在《げんざい》の和歌山県《わかやまけん》と三重県《みえけん》の一部《いちぶ》）の外科医《げかい》。世界初《せかいはつ》の全身麻酔手術《ぜんしんますいしゅじゅつ》に成功《せいこう》した。

この薬《くすり》を飲《の》めば大丈夫《だいじょうぶ》
ありがとうございます
ああやって毎晩《まいばん》貧《まず》しい者《もの》たちの看病《かんびょう》をしていたようだな わしも はじめて知《し》った
洪庵先生《こうあんせんせい》……
左内君《さないくん》こそは「池中《ちちゅう》の蛟龍《こうりょう》」だ
はい 舌出《しただ》して
今《いま》こそ自分《じぶん》の原点《げんてん》に立《た》ち返《かえ》ろう……大事《だいじ》を成《な》す前《まえ》に！
その後《ご》左内《さない》は父《ちち》・彦也《げんや》の危篤《きとく》を知《し》り福井《ふくい》に帰《かえ》っていったが大坂時代《おおさかじだい》に最新《さいしん》の外科術《げかじゅつ》を華岡青洲《はなおかせいしゅう》の弟《おとうと》に学《まな》ぶなど医師《いし》としても大《おお》きく成長《せいちょう》し――
嘉永七《かえい》(1854)年《ねん》二月《がつ》
吉田東篁《よしだとうこう》の母《はは》の乳《にゅう》がんを手術《しゅじゅつ》する左内《さない》
嘉永五《かえい》（1852）年《ねん》
彦也《げんや》が亡《な》くなると十九歳《さい》で父《ちち》の跡《あと》を継《つ》ぎ 藩医《はんい》となった

池中《ちちゅう》の蛟龍《こうりょう》……小《ちい》さな池《いけ》の中《なか》で天《てん》へ昇《のぼ》る機会《きかい》を待《ま》つ龍《りゅう》という意味《いみ》。今《いま》は目立《めだ》たないが、一度好機《いちどこうき》を得《え》て時流《じりゅう》に乗《の》れば、大《おお》いに力《ちから》を発揮《はっき》することのたとえ。

第《だい》二章《しょう》　黒船《くろふね》来航《らいこう》

浦賀《うらが》…現在《げんざい》の神奈川県《かながわけん》横須賀市《よこすかし》東部《とうぶ》。
嘉永《かえい》六（1853）年《ねん》
世《よ》の中《なか》を仰天《ぎょうてん》させる事件《じけん》が起《お》こった
黒船《くろふね》じゃ！
アメリカの東《ひがし》インド艦隊《かんたい》司令長官《しれいちょうかん》
マシュー・ペリー提督《ていとく》が四隻《せき》の蒸気船《じょうきせん》を率《ひき》いて
突如《とつじょ》 浦賀《うらが》に来航《らいこう》したのである
ドンドン
ひいっ！
助《たす》けてくっ！

ペリー提督《ていとく》は日本《にほん》に対《たい》し 開国《かいこく》して
アメリカと通商《つうしょう》するように要求《ようきゅう》した
三代将軍《だいしょうぐん》・家光《いえみつ》の時代《じだい》から
鎖国《さこく》していた幕府《ばくふ》は大混乱《だいこんらん》に陥《おちい》り
開国《かいこく》か攘夷《じょうい》か 全国《ぜんこく》の諸大名《しょだいみょう》や
武士《ぶし》 庶民《しょみん》からも広《ひろ》く意見《いけん》を求《もと》めた
福井城《ふくいじょう》
ついに来《く》るべき時《とき》が 来《き》たか……
越前《えちぜん》・福井藩主《ふくいはんしゅ》
松平慶永《まつだいらよしなが》（のちの春嶽《しゅんがく》）
「夷狄《いてき》 打《う》ち払《はら》うべし」とは 敬愛《けいあい》する水戸《みと》の烈公《れっこう》の お考《かんが》えだが 余《よ》も同《おな》じである
慶永《よしなが》の側近《そっきん》
鈴木主税《すずきちから》
筆頭家老《ひっとうがろう》
中根雪江《なかねゆきえ》（靭負《ゆきえ》）

攘夷《じょうい》…外国《がいこく》を打《う》ち払《はら》うこと。 水戸《みと》…水戸藩《みとはん》（現在《げんざい》の茨城県水戸市《いばらきけんみとし》に藩庁《はんちょう》を置《お》いた藩《はん》）のこと。 烈公《れっこう》…水戸藩主《みとはんしゅ》・徳川斉昭《とくがわなりあき》のこと。

水戸藩主《みとはんしゅ》・徳川斉昭《とくがわなりあき》は
名君《めいくん》であった徳川光圀《とくがわみつくに》の
再来《さいらい》と呼《よ》ばれ 人望《じんぼう》もあり
開国《かいこく》して 外国《がいこく》と
通商《つうしょう》すべきと主張《しゅちょう》する
彦根藩主《ひこねはんしゅ》・井伊直弼《いいなおすけ》と 意見《いけん》を
真《ま》っ向《こう》から対立《たいりつ》させていた
黒船《くろふね》にどう対《たい》するか……
幕府内《ばくふない》でも意見《いけん》が
分《わ》かれていると聞《き》く
わが殿《との》は 攘夷《じょうい》を
支持《しじ》してはいるが はたして
それでよいのだろうか?
とにかく 江戸《えど》で何《なに》が
起《お》こっているのか
この目《め》で確《たし》かめねば!
嘉永《かえい》七(1854)年《ねん》三月五日《がついつか》
江戸遊学《えどゆうがく》の許可《きょか》を得《え》た左内《さない》は
江戸《えど》に到着《とうちゃく》した

左内《さない》が江戸《えど》に着《つ》いたのは
日米和親条約《にちべいわしんじょうやく》が結《むす》ばれた二日後《ふつかご》であり
ペリー艦隊《かんたい》は　まだ浦賀《うらが》に停泊《ていはく》していた
あれが黒船《くろふね》か！
なんという大《おお》きさだ
蒸気機関《じょうききかん》に
……
たくさんの
巨大《きょだい》な大砲《たいほう》

長州《ちょうしゅう》…現在《げんざい》の山口県西部《やまぐちけんせいぶ》。ここに藩庁《はんちょう》を置《お》いた藩《はん》が長州藩《ちょうしゅうはん》。
久坂玄瑞《くさかげんずい》…長州藩士《ちょうしゅうはんし》。妻《つま》は吉田松陰《よしだしょういん》の妹《いもうと》・文《ふみ》。
高杉晋作《たかすぎしんさく》…長州藩士《ちょうしゅうはんし》。のちに奇兵隊《きへいたい》を組織《そしき》した。

あんなのに攻《せ》め込《こ》まれたらひとたまりもないぞ！
あれに乗《の》り込《こ》んで内部《ないぶ》をじっくり拝《おが》みたいところだが……
黒船《くろふね》に忍《しの》び込《こ》んで密航《みっこう》しようとした奴《やつ》が捕《つか》まったらしいぜ
そりゃ どこのどいつだい？
!!
なんでも吉田寅次郎《よしだとらじろう》とかいう長州《ちょうしゅう》の軍学者《ぐんがくしゃ》らしい
長州藩《ちょうしゅうはん》にそんな剛毅《ごうき》な人《ひと》が……会《あ》ってみたいな
吉田寅次郎《よしだとらじろう》（のちの松陰《しょういん》）
吉田寅次郎《よしだとらじろう》（松陰《しょういん》）は長州藩《ちょうしゅうはん》の私塾《しじゅく》・松下村塾《しょうかそんじゅく》の主宰者《しゅさいしゃ》であり幕末《ばくまつ》に活躍《かつやく》した久坂玄瑞《くさかげんずい》 高杉晋作《たかすぎしんさく》 伊藤博文《いとうひろぶみ》 山縣有朋《やまがたありとも》などの傑物《けつぶつ》を育《そだ》てた

伊藤博文《いとうひろぶみ》…長州藩士《ちょうしゅうはんし》。のちの初代内閣総理大臣《しょだいないかくそうりだいじん》。
山縣有朋《やまがたありとも》…長州藩士《ちょうしゅうはんし》。のちに陸軍大将《りくぐんたいしょう》や内閣総理大臣《ないかくそうりだいじん》などを務《つと》めた。

江戸《えど》・福井藩邸《ふくいはんてい》
外国《がいこく》からの激《はげ》しい流《なが》れに打《う》ち勝《か》つためにはオランダ語《ご》だけでは知識《ちしき》が足《た》りないな
英語《えいご》やドイツ語《ご》の本《ほん》も読破《どくは》して西洋《せいよう》のことを知《し》らなくては！
「急流中底之柱即是大丈夫之心《きゅうりゅうちゅうていのはしらすなわちこれますらおのこころ》」
急流中底之
柱即是大丈
夫之心
激流《げきりゅう》の中《なか》にあって倒《たお》れず流《なが》されず 毅然《きぜん》と立《た》つ底柱《そこばしら》こそ男子《だんし》の心《こころ》のあるべき姿《すがた》なり と
VYFDE TAFEL
左内《さない》は独学《どくがく》で英語《えいご》 ドイツ語《ご》を猛勉強《もうべんきょう》しすでに原書《げんしょ》を読《よ》めるほどになっていた
好物《こうぶつ》のみかん

底柱《そこばしら》…基本《きほん》となる柱《はしら》のこと。

日本《にほん》は今《いま》すぐ鎖国《さこく》を解《と》いて
国際貿易《こくさいぼうえき》によって国《くに》を富《と》ませ
列強《れっきょう》に対抗《たいこう》できるような
国力《こくりょく》をつけるべきだ！
もぐもぐ
左内《さない》は 時《とき》の日本《にほん》では類《るい》を見《み》ない
選挙制度《せんきょせいど》や身分《みぶん》を問《と》わない人材登用《じんざいとうよう》など
西洋《せいよう》の最先端《さいせんたん》の政治事情《せいじじじょう》を把握《はあく》し
『西洋事情書《せいようじじょうしょ》』という本《ほん》にまとめた
また 他藩《たはん》の武士《ぶし》とも積極的《せっきょくてき》に
交流《こうりゅう》して 国内外《こくないがい》の情勢《じょうせい》を探《さぐ》るなど
情報収集《じょうほうしゅうしゅう》にも熱心《ねっしん》だった
そのほうか？
水戸《みと》の藤田東湖《ふじたとうこ》どのに
会《あ》いたいというのは
半井仲庵《なからいちゅうあん》
はい！
わしゃ以前《いぜん》
東湖《とうこ》どの病気《びょうき》を
治療《ちりょう》したことが
あるゆえ 紹介《しょうかい》して
やってもよいぞ
本当《ほんとう》で
ございますか？

列強《れっきょう》…力《ちから》の強《つよ》い国々《くにぐに》。
半井仲庵《なからいちゅうあん》…福井藩《ふくいはん》・筆頭藩医《ひっとうはんい》。

薩摩藩《さつまはん》…現在《げんざい》の鹿児島県《かごしまけん》鹿児島市《かごしまし》に藩庁《はんちょう》を置《お》いた藩《はん》。

顧問《こもん》…組織《そしき》のなかで、相談《そうだん》を受《う》けて意見《いけん》をする役職《やくしょく》。

『西洋事情書《せいようじじょうしょ》』はあなたがお書《か》きに？
藤田東湖《ふじたとうこ》
藤田東湖《ふじたとうこ》は 尊皇攘夷《そんのうじょうい》を唱《とな》える水戸学《みとがく》の権威《けんい》で 吉田松陰《よしだしょういん》や薩摩藩《さつまはん》の西郷吉之助《さいごうきちのすけ》(隆盛《たかもり》)など多《おお》くの志士《しし》たちに影響《えいきょう》を与《あた》えた
はい 洋書《ようしょ》から学《まな》んだ情報《じょうほう》の覚《おぼ》え書《が》きにすぎませぬが……
また幕府《ばくふ》の最高顧問《さいこうこもん》である水戸《みと》藩主《はんしゅ》・徳川斉昭《とくがわなりあき》の片腕《かたうで》であり水戸藩《みとはん》を動《うご》かすほどの実力者《じつりょくしゃ》でもあった
水戸《みと》
江戸《えど》
徳川斉昭《とくがわなりあき》
一介《いっかい》の藩医《はんい》でしかない左内《さない》にとって 東湖《とうこ》は雲《くも》の上《うえ》の存在《そんざい》ということになる
ところで先生《せんせい》は黒船《くろふね》をご覧《らん》になりましたか？
見申《みもう》したが……何《なに》か？

尊皇攘夷《そんのうじょうい》…天皇《てんのう》を尊《とうと》び、外国人《がいこくじん》を打《う》ち払《はら》う思想《しそう》。

水戸学《みとがく》…江戸《えど》時代《じだい》に水戸藩《みとはん》で成立《せいりつ》した、尊皇論《そんのうろん》を中核《ちゅうかく》とする思想《しそう》。

大《おお》きさ 装備《そうび》など わが国《くに》の船《ふね》とくらべ 大人《おとな》と子《こ》どもほどの差《さ》が ございます
今《いま》 この国《くに》の軍事力《ぐんじりょく》で夷狄《いてき》を打《う》ち払《はら》うことはできませぬ
橋本《はしもと》どのは 夷狄《いてき》に屈《くっ》し 国《くに》を開《ひら》いたほうが よいというお考《かんが》えかな?
開国《かいこく》は決《けっ》してわが国《くに》の益《えき》を損《そこ》なう行為《こうい》などではございませぬ
夷狄《いてき》と対等《たいとう》に渡《わた》り合《あ》うには 開国《かいこく》して 彼《かれ》らの英知《えいち》を取《と》り入《い》れ 貿易《ぼうえき》で国力《こくりょく》を増大《ぞうだい》させるべきかと……
私《わたし》の考《かんが》えとは だいぶ違《ちが》いますね
……
——だが順番《じゅんばん》が違《ちが》うだけなのかもしれません 国《くに》を富《と》ませ 軍備《ぐんび》を整《ととの》えることが重要《じゅうよう》なのは 私《わたし》も心得《こころえ》ております
ただ それに先《さき》んじて 人材《じんざい》の育成《いくせい》が急《いそ》がれるところではございますな
人材育成《じんざいいくせい》ですか ……なるほど!

英知《えいち》…優《すぐ》れた知恵《ちえ》のこと。

わが国《くに》の民《たみ》は いささか
泰平《たいへい》の世《よ》になれすぎて
おりますゆえ――
一人一人《ひとりひとり》が この国難《こくなん》を
自覚《じかく》して行動《こうどう》することが
必要《ひつよう》だと思《おも》います
民《たみ》の意識《いしき》を高《たか》めて
国威高揚《こくいこうよう》か……
さすがは東湖先生《とうこせんせい》だ
その後《ご》 二人《ふたり》は海防《かいぼう》に
ついて意見《いけん》を交《か》わした
機会《きかい》があれば 薩摩藩《さつまはん》の
西郷吉之助《さいごうきちのすけ》にも
会《お》うてみるといい
彼《かれ》もまた楽《たの》しからずや
東湖《とうこ》は 左内《さない》が生涯《しょうがい》で唯一《ゆいいつ》
尊敬《そんけい》した人物《じんぶつ》だった
東湖《とうこ》もまた 左内《さない》との会見《かいけん》により
攘夷論者《じょういろんじゃ》から ゆるやかに開国論者《かいこくろんじゃ》へ
転《てん》じていったといわれている

国威高揚《こくいこうよう》…国《くに》の威力《いりょく》を高《たか》めること。

海防《かいぼう》…海《うみ》からの外国《がいこく》の侵略《しんりゃく》に対《たい》する防衛《ぼうえい》。

武田耕雲斎《たけだこううんさい》…水戸藩《みとはん》・家老《かろう》。東湖《とうこ》とも親交《しんこう》があった。

印籠《いんろう》…武士《ぶし》が裃《かみしも》を着《き》た時《とき》に腰《こし》に下《さ》げる装身具《そうしんぐ》。小型《こがた》の容器《ようき》になっており、薬《くすり》などを入《い》れた。

――しかし安政《あんせい》二（1855）年《ねん》 東湖《とうこ》は江戸《えど》を襲《おそ》った大地震《だいじしん》で 母親《ははおや》の救助中《きゅうじょちゅう》に 家屋《かおく》の下敷《したじ》きとなり事故死《じこし》してしまう
後日《ごじつ》 武田耕雲斎《たけだこううんさい》は 左内《さない》に会《あ》うや「東湖《とうこ》の死後《しご》に また東湖《とうこ》あり」と言《い》って感嘆《かんたん》したという
同年《どうねん》 七月《がつ》―― 左内《さない》は 学業上達《がくぎょうじょうたつ》の褒美《ほうび》として 福井藩《ふくいはん》より印籠《いんろう》と金《きん》五両《りょう》を授与《じゅよ》されることとなり 一時帰郷《いちじききょう》する
!!
家《いえ》が新《あたら》しく なっている？ どうしたことだ

兄上《あにうえ》 じつは昨年《さくねん》 福井《ふくい》で大火事《おおかじ》があり わが家《や》も焼《や》けて しまいました
破魔五郎《はまごろう》! なぜ すぐに教《おし》えてくれなかった
勉学《べんがく》の妨《さまた》げに なるから 兄上《あにうえ》には 何《なに》も言《い》うなと ……母上《ははうえ》が
左内《さない》の弟《おとうと》 破魔五郎《はまごろう》(のちの綱常《つなつね》)
母上《ははうえ》 苦労《くろう》を おかけしました
しっかりと学問《がくもん》に 打《う》ち込《こ》めたようですね 元気《げんき》そうで何《なに》よりです
どうか 殿《との》からいただいた この褒美《ほうび》を 新築費用《しんちくひよう》の 足《た》しにしてください
福井藩《ふくいはん》が左内《さない》を 呼《よ》び戻《もど》した理由《りゆう》は ほかにもあった

藩校《はんこう》…藩《はん》が藩士《はんし》やその子弟《してい》の教育《きょういく》のために設《もう》けた学問所《がくもんじょ》。

左内帰郷《さないききょう》の少《すこ》し前《まえ》――
江戸《えど》の福井藩邸《ふくいはんてい》では
こんなやりとりがあった
キリリ…
わが福井《ふくい》に何《なに》よりも足《た》らぬのは人材《じんざい》よ
小楠先生《しょうなんせんせい》の助言《じょげん》に従《したが》って藩校《はんこう》・明道館《めいどうかん》を設立《せつりつ》したのはそのためでございましょう
トスッ
だが実際《じっさい》 その教授《きょうじゅ》となる人材《じんざい》にも事欠《ことか》いておる始末《しまつ》
ええ……じつはそのく先日《せんじつ》 水戸藩邸《みとはんてい》に所用《しょよう》で立《た》ち寄《よ》った時《とき》のことでございますが……
鈴木主税《すずきちから》
なんと! 藤田東湖《ふじたとうこ》どのがそのようなことを?
はい「福井藩《ふくいはん》はどうして橋本左内《はしもとさない》を用《もち》いないのか」……と

それほどの者《もの》がおるなら
すぐにでも召《め》し出《だ》させよ
そうしたいのは
やまやまなのですが
……
左内《さない》は一介《いっかい》の藩医《はんい》で
ございまして
身分《みぶん》が低《ひく》すぎまする
人材《じんざい》を見出《みいだ》し
活用《かつよう》するのが
余《よ》の務《つと》めである
学業上達《がくぎょうじょうたつ》を理由《りゆう》に
左内《さない》に印籠《いんろう》を取《と》らせ
身分《みぶん》を上《あ》げて登用《とうよう》せよ
承知《しょうち》しました
左内《さない》は藩医《はんい》の職《しょく》を解《と》かれ
御書院番《ごしょいんばん》として正式《せいしき》に
慶永《よしなが》の側《そば》に仕《つか》えることとなった
母上《ははうえ》!
こうして左内《さない》は いよいよ
政治《せいじ》の表舞台《おもてぶたい》に立《た》ったのである

御書院番《ごしょいんばん》…藩主《はんしゅ》の近《ちか》くに仕《つか》え、警備《けいび》する役職《やくしょく》。

――しかし
私《わたし》は殿《との》をお支《ささ》えし この国《くに》を医《い》したい！ そのためには 藩医《はんい》を 辞《じ》さねばならぬのです
てなわん(生意気《なまいき》な)こと 言《い》うでない！ 藩医《はんい》は橋本家《はしもとけ》代々《だいだい》の家職《かしょく》
お前《まえ》は橋本家《はしもとけ》を つぶす気《き》ですか？
母上《ははうえ》！ 藩医《はんい》の職《しょく》は この破魔五郎《はまごろう》が 継《つ》ぎとう存《ぞん》じます
破魔五郎《はまごろう》……
兄上《あにうえ》は存分《ぞんぶん》に 学問《がくもん》をなさり 志《こころざし》をお遂《と》げくだされ

家職《かしょく》…その家《いえ》に伝《つた》わる職業《しょくぎょう》。家業《かぎょう》。

ばっ
家《いえ》のこと……お前《まえ》に任《まか》せてよいのか？
もちろんですとも
ありがとう破魔《はま》五郎《ごろう》！
……
——もう これ以上《いじょう》は何《なに》も言《い》いますまい
大医《たいい》になりたいという お前《まえ》の子《こ》どもの頃《ころ》からの夢《ゆめ》 ……母《はは》もわかっていました
母上《ははうえ》……！
しっかりおやりなさい
はいっ！
藩医《はんい》を継《つ》いだ破魔五郎《はまごろう》(綱常《つなつね》)は医師《いし》として大成《たいせい》し のちに日本赤十字社病院《にほんせきじゅうじしゃびょういん》の初代院長《しょだいいんちょう》となる

左内《さない》は再《ふた》び江戸《えど》行《い》きを命《めい》じられ——
そこで はじめて慶永《よしなが》に謁見《えっけん》した
ああ 夢《ゆめ》のようだ…… 私《わたし》は今《いま》 殿《との》の御前《ごぜん》にいる!
そちの働《はたら》きに期待《きたい》しておるぞ 左内《さない》
ははっ! 不惜身命《ふしゃくしんみょう》の精神《せいしん》でお仕《つか》えいたしまする
殿《との》に気《き》に入《い》られてよかったのう
これも鈴木様《すずきさま》の格別《かくべつ》のお引《ひ》き立《た》てによるもの 感謝《かんしゃ》しております

謁見《えっけん》…身分《みぶん》の高《たか》い人《ひと》に会《あ》うこと。不惜身命《ふしゃくしんみょう》…ものごとを成《な》しとげるために、自《みずか》らの命《いのち》も惜《お》しまないこと。もとは仏教《ぶっきょう》の言葉《ことば》。

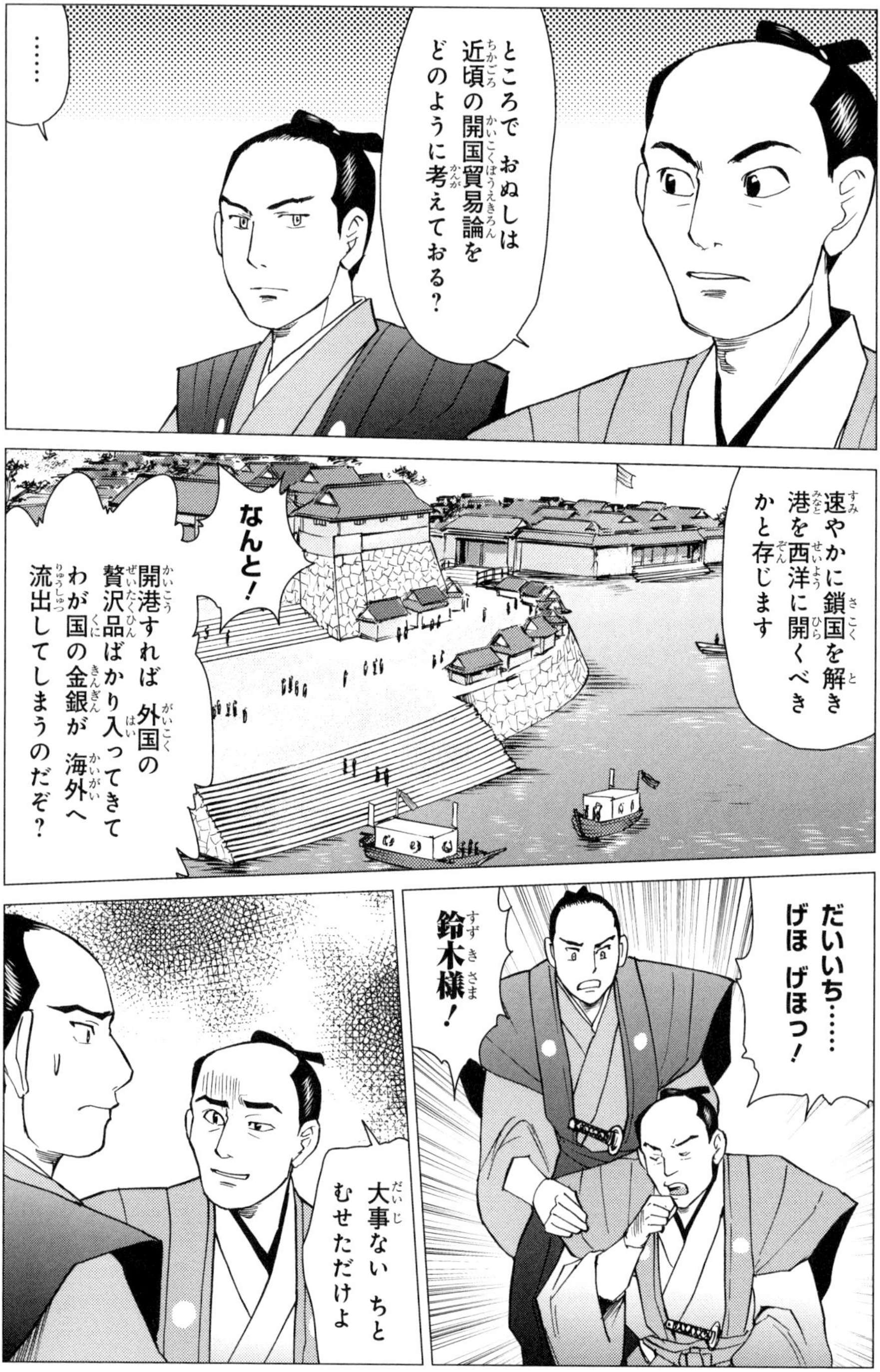
ところで　おぬしは
近頃《ちかごろ》の開国貿易論《かいこくぼうえきろん》を
どのように考《かんが》えておる？
……
速《すみ》やかに鎖国《さこく》を解《と》き
港《みなと》を西洋《せいよう》に開《ひら》くべき
かと存《ぞん》じます
なんと！
開港《かいこう》すれば　外国《がいこく》の
贅沢品《ぜいたくひん》ばかり入《はい》ってきて
わが国《くに》の金銀《きんぎん》が　海外《かいがい》へ
流出《りゅうしゅつ》してしまうのだぞ？
だいいち……
げほ　げほっ！
鈴木様《すずきさま》！
大事《だいじ》ない　ちと
むせただけよ

いずれにせよ 異人《いじん》どもに いいようにしぼり取《と》られるのが オチではないのか
いいえ逆《ぎゃく》です 彼《かれ》らの英知《えいち》を我《われ》らが 取《と》り込《こ》むのです
西洋《せいよう》の学問《がくもん》や機械技術《きかいぎじゅつ》は わが国《くに》より相当進《そうとうすす》んでいます
これを輸入《ゆにゅう》して わが国《くに》の 発展《はってん》を速《はや》める必要《ひつよう》があります
それを明道館《めいどうかん》でも 教《おし》えよというのか
そのとおりです
うむ さすがは 東湖《とうこ》どのが認《みと》めた だけのことはある
左内《さない》であれば 福井藩《ふくいはん》を……いや 日本《にほん》を救《すく》えるかも しれん

江戸《えど》・薩摩藩邸《さつまはんてい》
西郷《せご》どん 福井藩《ふくいはん》の橋本《はしもと》ちゅうお方《かた》が来《き》てごわんど
橋本《はしもと》っちゅっせどがんか御仁《ごじん》な？
ワーワー
白《しろ》かもやしンごたる……大《たい》した人物《じんぶつ》には見《み》えもはん
ワーワー
相撲《すもう》がよかとこじゃ いっとき待《ま》っちょっめェ（待《ま》ってもらえ）
あい！
薩摩藩士《さつまはんし》
西郷吉之助《さいごうきちのすけ》（のちの隆盛《たかもり》）

西郷吉之助《さいごうきちのすけ》は 下級藩士《かきゅうはんし》から
庭方役《にわかたやく》として藩主《はんしゅ》・島津斉彬《しまづなりあきら》に
取《と》り立《た》てられ――
ドス
ドス
ドス
国事《こくじ》の手伝《てつだ》いをするまでに
なった薩摩《さつま》の傑物《けつぶつ》である
この頃《ころ》は ほかの雄藩《ゆうはん》と連携《れんけい》して
国内外《こくないがい》の情報《じょうほう》を収集《しゅうしゅう》していた
ドス
ドス
お待《ま》たせし申《もう》した どげな(どのような) ご用件《ようけん》でごわすか
日本《にほん》の進《すす》むべき道《みち》に ついて 貴殿《きでん》のお考《かんが》えを 伺《うかが》いたく参上《さんじょう》しました
おいは そげな大《だい》それたこと 考《かんが》えておりもはん
ふああ
日《ひ》がな一日《にち》 相撲《すもう》を取《と》ったり 唐芋《からいも》を食《た》もったり しとるだけでごわす
……そうですか

庭方役《にわかたやく》…屋敷《やしき》の庭《にわ》の手《て》入《い》れなどをしながら、藩主《はんしゅ》と直接話《ちょくせつはな》すことが許《ゆる》され、情報収集《じょうほうしゅうしゅう》なども行《おこな》った役職《やくしょく》。

雄藩《ゆうはん》…勢力《せいりょく》の強《つよ》い藩《はん》。

唐芋《からいも》…サツマイモの別名《べつめい》。

今《いま》は亡《な》き東湖先生《とうこせんせい》に薦《すす》められて ここへ来《き》たのですが……
わっぜ たまがった！(これは驚《おどろ》いた)
おはんは東湖先生《とうこせんせい》を知《し》っちょっでごわすか？
どうやら人違《ひとちが》いをしたようです
ご教導《きょうどう》いただきました もう……それもかないませんが……
すると 東湖先生《とうこせんせい》を感心《かんしん》させた『啓発録《けいはつろく》』の橋本左内《はしもとさない》というのは……
私《わたし》です
ご無礼《ぶれい》し申《もう》した！ どうか お話《はなし》を聞《き》かせっくいやんせ
左内《さない》は どうすれば この未曾有《みぞう》の国難《こくなん》を乗《の》り切《き》れるかを丁寧《ていねい》に説《と》いた
……
……そのためには優秀《ゆうしゅう》な人材《じんざい》を育成《いくせい》し――
西郷《さいごう》は うってかわって熱心《ねっしん》に左内《さない》の話《はなし》に耳《みみ》を傾《かたむ》けたという

未曾有《みぞう》…今《いま》まで一度《ど》もなかったこと。

!!
……今《いま》こそ日本《ひのもと》が一《ひと》つになって――
東湖先生《とうこせんせい》……
西郷《さいごう》もまた 左内《さない》の影響《えいきょう》で攘夷《じょうい》から開国《かいこく》へと考《かんが》えを改《あらた》めた一人《ひとり》である
今日《きょう》は ご高説《こうせつ》あいがとさげもした(ありがとうございました)
数々《かずかず》の非礼《ひれい》を許《ゆる》したもんせ
西郷《さいごう》さん……
後年《こうねん》 西郷《さいごう》は最《もっと》も尊敬《そんけい》すべき人物《じんぶつ》として先輩《せんぱい》では藤田東湖《ふじたとうこ》 同輩《どうはい》では橋本左内《はしもとさない》の名前《なまえ》をあげている

第《だい》三章《しょう》　藩校《はんこう》・明道館《めいどうかん》

安政《あんせい》三（1856）年《ねん》二月《がつ》
鈴木《すずき》主税《ちから》は原因《げんいん》不明《ふめい》の病気《びょうき》にかかり
その病状《びょうじょう》は急速《きゅうそく》に悪化《あっか》していた
殿《との》のこと頼《たの》んだぞ……
国事《こくじ》を任《まか》せられるのはおぬしをおいてほかにはない——
鈴木様《すずきさま》！
くっ……！
左内《さない》の必死《ひっし》の治療《ちりょう》もむなしく
主税《ちから》は死去《しきょ》——享年《きょうねん》四十三
福井藩《ふくいはん》は大《おお》きな柱《はしら》を失《うしな》った

藩士《はんし》の子弟《してい》から千八百名《せんびゃくめい》を募《つの》り
慶永《よしなが》の肝《きも》いりでつくられた
福井藩校《ふくいはんこう》・明道館《めいどうかん》だったが
思《おも》うようには成果《せいか》が上《あ》がって
いなかった
江戸《えど》から
戻《もど》ってみれば
この体《てい》たらく！
今《いま》すぐに藩校改革《はんこうかいかく》を
実行《じっこう》せねばならぬ
中根雪江《なかねゆきえ》
――とは申《もう》せ……
明道館《めいどうかん》の責任者《せきにんしゃ》だった
主税《ちから》はもう……
江戸《えど》にいる左内《さない》を
呼《よ》び戻《もど》しましょう
おお そうじゃ
今《いま》 頼《たよ》れるのは
あの者《もの》しかおらぬ
よろしい
すぐに手配《てはい》せよ
同年《どうねん》六月《がつ》――左内《さない》は
明道館改革《めいどうかんかいかく》のため福井《ふくい》へ帰国《きこく》する

設立《せつりつ》して一年《ねん》になるが明道館《めいどうかん》は低迷《ていめい》しておるそちはどう思《おも》う? 左内《さない》
人材《じんざい》が育《そだ》たないのは読《よ》み書《か》きだけの学問《がくもん》に留《とど》まっているからです
国事《こくじ》に活用《かつよう》してこそ真《しん》の学問《がくもん》といえるのではないでしょうか
ほう……小楠《しょうなん》もそう申《もう》しておったな
そのためにも 早急《そうきゅう》に洋書《ようしょ》の習学所《しゅうがくじょ》を設置《せっち》しなければなりませぬ
よよ 洋書習学所《ようしょしゅうがくじょ》だと?夷狄《いてき》の学問《がくもん》ではないか!

その夷狄《いてき》に手《て》も足《あし》も出《で》ぬのが
わが国《くに》の現状《げんじょう》ではございませぬか
これ以上《いじょう》国《くに》を
脅《おびや》かされぬためには
西洋《せいよう》の書物《しょもつ》に学《まな》び
広《ひろ》く技術《ぎじゅつ》を取《と》り入《い》れ
一刻《いっこく》も早《はや》く列強《れっきょう》に
追《お》いつかなければ!
し……
しかし
むろん 日本《にほん》の魂《たましい》まで
西洋《せいよう》に売《う》り渡《わた》しては
なりませぬ
日本《にほん》や東洋《とうよう》に根差《ねざ》す道徳《どうとく》を守《まも》り
西洋《せいよう》かぶれにならぬことが肝要《かんよう》――
うむ
左内《さない》よ そちに
すべてを任《まか》せる!
よきに計《はか》らえ
ははっ!
ビシッ
……
フン
クスッ

政教一致《せいきょういっち》…政治《せいじ》と宗教《しゅうきょう》（ここでは道徳《どうとく》）が一体《いったい》となること。
文武不岐《ぶんぶふき》…学問《がくもん》と武道《ぶどう》は切《き》り離《はな》して考《かんが》えるものではなく、どちらも必要《ひつよう》だという意味《いみ》。

こうして明道館《めいどうかん》は
政教一致《せいきょういっち》と文武不岐《ぶんぶふき》を掲《かか》げ
「和魂洋才《わこんようさい》」を実践《じっせん》する場《ば》として
再始動《さいしどう》した
明道館
西洋《せいよう》の学問《がくもん》など 百害《ひゃくがい》あって一利《いちり》なしだ
どうしたら頭《あたま》の固《かた》い 老臣方《ろうしんがた》に納得《なっとく》して いただけるのだろうか
しかし 保守的《ほしゅてき》な改革反対派《かいかくはんたいは》の 風当《かぜあ》たりは相当《そうとう》なもので 早《はや》くも 左内《さない》の改革《かいかく》に暗雲《あんうん》が立《た》ち込《こ》めた
そこで慶永《よしなが》は 左内《さない》を昇進《しょうしん》させることで 円滑《えんかつ》に改革《かいかく》が進《すす》められるよう配慮《はいりょ》した
教官会議《きょうかんかいぎ》の様子《ようす》

※橋本左内《はしもとさない》の明道館《めいどうかん》での役職《やくしょく》は、講究師同様心得《こうきゅうしどうようこころえ》に始《はじ》まり、蘭学掛《らんがくがかり》（現在《げんざい》の主任《しゅにん》に相当《そうとう》）、幹事《かんじ》（教頭《きょうとう》）、学監同様心得《がっかんどうようこころえ》（校長《こうちょう》）と昇進《しょうしん》した。

剣槍柔砲《けんそうじゅうほう》については 講義《こうぎ》だけでなく教授陣《きょうじゅじん》も 山野《さんや》に出《で》て訓練《くんれん》の音頭《おんど》を 取《と》るべきかと存《ぞん》じます
三岡石五郎《みつおかいしごろう》（のちの由利公正《ゆりきみまさ》）
何《なに》をぅ ちょこざいな
三岡《みつおか》どのの意見《いけん》は もっともです 畳《たたみ》の上《うえ》では 泳《およ》ぎの練習《れんしゅう》には なりませんからね
むう……
足羽山《あすわやま》・野外訓練《やがいくんれん》
ザッ
小隊《しょうたい》〜 駆《か》け足《あし》！
いち！ にっ！
ザッ
ザッ
いち！ にっ！
ザッ
これが洋式《ようしき》 軍隊《ぐんたい》の訓練《くんれん》か……
フン わしゃ 認《みと》めんぞ！

剣槍柔砲《けんそうじゅうほう》…剣《けん》、槍《やり》、柔術《じゅうじゅつ》、銃砲《じゅうほう》のこと。武技《ぶぎ》や武術《ぶじゅつ》を指《さ》す。

ちょこざいな…小生意気《こなまいき》な。

足羽山《あすわやま》…現在《げんざい》の福井県《ふくいけん》福井《ふくい》市街《しがい》、南西《なんせい》の郊外《こうがい》にある小丘陵《しょうきゅうりょう》。

福井城下《ふくいじょうか》・左内邸《さないてい》
石五郎《いしごろう》さん よく思《おも》いきったことを言《い》うてくださった
いつも会議《かいぎ》では つまらぬ議論《ぎろん》の堂々《どうどう》めぐりで 私《わたし》の手《て》には負《お》えなんだ
古参《こさん》の先輩方《せんぱいがた》は 考《かんが》えが古《ふる》くさくて困《こま》りますなぁ
まあ 小楠先生《しょうなんせんせい》のようなお方《かた》がいらっしゃれば 彼《かれ》らの考《かんが》えも少《すこ》しは改《あらた》まるやもしれませんがね
確《たし》かに…… 私《わたし》も先生《せんせい》には 適塾時代《てきじゅくじだい》にお会《あ》いしたことがあります
しかし 小楠先生《しょうなんせんせい》は熊本藩士《くまもとはんし》 福井藩《ふくいはん》に そう簡単《かんたん》にお越《こ》しいただけるかどうか……

村田氏寿《むらたうじひさ》…福井藩士《ふくいはんし》。熊本藩《くまもとはん》へ赴《おもむ》き、横井小楠《よこいしょうなん》を福井藩《ふくいはん》へ招《まね》くために尽力《じんりょく》した。

明道館《めいどうかん》の……ひいては福井藩《ふくいはん》の未来《みらい》がかかっております
ぐう〜
はっ！
そうですね！このことは同僚《どうりょう》の村田氏寿《むらたうじひさ》どのともよく相談《そうだん》してみましょう
ははは‥
よかったら夕餉《ゆうげ》を食《た》べていきませんか すぐに支度《したく》させます
かたじけない
左内《さない》が藩士《はんし》のみならず城下町《じょうかまち》の人々《ひとびと》にも明道館《めいどうかん》を開放《かいほう》したことで 福井《ふくい》に学問《がくもん》を尊《とうと》ぶ気風《きふう》が生《う》まれたという
福井県立藤島高等学校
明道館《めいどうかん》は現在《げんざい》も福井県立藤島高等学校《ふくいけんりつふじしまこうとうがっこう》として存続《そんぞく》し県内随一《けんないずいいち》の進学校《しんがくこう》として優《すぐ》れた人材《じんざい》を輩出《はいしゅつ》し続《つづ》けている

安政《あんせい》三（1856）年《ねん》九月《がつ》
左内《さない》は明道館《めいどうかん》・幹事《かんじ》の職《しょく》に加《くわ》え
側役支配《そばやくしはい》にも任命《にんめい》され
藩評定《はんひょうじょう》に参加《さんか》できるようになった
余《よ》は これまで 財政立《ざいせいた》て直《なお》しのため 倹約《けんやく》を奨励《しょうれい》してきた
ところが赤字《あかじ》は増《ふ》えるばかりだ 左内《さない》よ 何《なに》か妙案《みょうあん》は ないものか
はっ
わが藩《はん》では生糸《きいと》や木綿《もめん》などの生産《せいさん》が盛《さか》んに行《おこな》われております
その生産者《せいさんしゃ》にお金《かね》を貸《か》して生産《せいさん》を増《ふ》やします
そして商人《しょうにん》に命《めい》じて生産物《せいさんぶつ》を一か所《しょ》に集《あつ》め そこから全国《ぜんこく》に向《む》けて販売《はんばい》するのです

側役支配《そばやくしはい》…主君《しゅくん》のそば近《ちか》くに仕《つか》える人《ひと》の、監督《かんとく》や指揮《しき》をする役《やく》。評定《ひょうじょう》…人々《ひとびと》が集《あつ》まり、相談《そうだん》して決《き》めること。会議《かいぎ》。

生糸《きいと》…蚕《かいこ》の繭《まゆ》からとったままの精錬《せいれん》していない糸《いと》。

節約《せつやく》するより金《かね》をかけて藩《はん》の産業《さんぎょう》を守《まも》り育《そだ》てよということじゃな？
はい また生糸《きいと》の海外《かいがい》への輸出《ゆしゅつ》はわが藩《はん》に莫大《ばくだい》な利益《りえき》をもたらすと思《おも》われます
長崎《ながさき》
長崎《ながさき》に越前蔵屋敷《えちぜんくらやしき》をつくり藩《はん》の貿易《ぼうえき》ができるよう 準備《じゅんび》を始《はじ》めてはいかがでしょう
ピシッ
なるほど
では 早速《さっそく》その意見《いけん》をまとめるように
ははっ！
のちに左内《さない》が江戸《えど》へ呼《よ》ばれ福井《ふくい》を離《はな》れると この計画《けいかく》は三岡石五郎《みつおかいしごろう》に引《ひ》き継《つ》がれて成果《せいか》を上《あ》げた

福井藩《ふくいはん》は この施策《しさく》によって 長年苦《ながねんくる》しんだ財政難《ざいせいなん》から 解放《かいほう》されたのである
幕末《ばくまつ》の混乱期《こんらんき》にあって 薩摩《さつま》 長州《ちょうしゅう》 土佐《とさ》などの雄藩《ゆうはん》に 劣《おと》らぬ活躍《かつやく》ができたのも 左内《さない》や三岡《みつおか》ら俊才《しゅんさい》の功績《こうせき》に よるところが大《おお》きかった
安政《あんせい》四（1857）年《ねん》 江戸《えど》では病弱《びょうじゃく》のため体調《たいちょう》を悪化《あっか》させていた 徳川《とくがわ》十三代《だい》・家定《いえさだ》に代《か》わる 次期将軍《じきしょうぐん》の選定《せんてい》が議論《ぎろん》されていた
この国難《こくなん》を 乗《の》り切《き》るには 英邁《えいまい》な お世継《よつ》ぎが 必要《ひつよう》です
もはや上様《うえさま》に公務《こうむ》を まっとうするだけのお力《ちから》は 残《のこ》されておりませぬ
備後《びんご》・福山藩主《ふくやまはんしゅ》
老中《ろうじゅう》・阿部正弘《あべまさひろ》

英邁《えいまい》…才知《さいち》が特別《とくべつ》に優《すぐ》れていること。

老中《ろうじゅう》…将軍直属《しょうぐんちょくぞく》で政務《せいむ》を取《と》りしきる江戸幕府《えどばくふ》の最高職《さいこうしょく》。

備後《びんご》・福山藩《ふくやまはん》…現在《げんざい》の広島県福山市《ひろしまけんふくやまし》に藩庁《はんちょう》を置《お》いた藩《はん》。

一橋慶喜《ひとつばしよしのぶ》…一橋家《ひとつばしけ》を継《つ》いだ、水戸藩主《みとはんしゅ》・徳川斉昭《とくがわなりあき》の七男《しちなん》。

お世継《よつ》ぎでしたら
年齢《ねんれい》といい賢《かし》さといい
一橋慶喜公《ひとつばしよしのぶこう》が適任《てきにん》かと
それがしも
同《おな》じ考《かんが》えです
慶永《よしなが》どの

彦根藩《ひこねはん》…現在《げんざい》の滋賀県彦根市《しがけんひこねし》に藩庁《はんちょう》を置《お》いた藩《はん》。

だが 厄介《やっかい》なことに
彦根藩主《ひこねはんしゅ》・井伊直弼《いいなおすけ》どのが
まだ十二歳《さい》の紀伊藩主《きいはんしゅ》・
徳川慶福公《とくがわよしとみこう》こそ正統《せいとう》な
血筋《ちすじ》であると主張《しゅちょう》し――
江戸城内《えどじょうない》では大奥《おおおく》も巻《ま》き込《こ》み
一橋派《ひとつばしは》(慶喜《よしのぶ》)と南紀派《なんきは》(慶福《よしとみ》)に分《わ》かれて
議論《ぎろん》が紛糾《ふんきゅう》しておるのです

紀伊藩《きいはん》…現在《げんざい》の和歌山県和歌山市《わかやまけんわかやまし》に藩庁《はんちょう》を置《お》いた藩《はん》。親藩《しんぱん》で御三家《ごさんけ》の一《ひと》つ。

堀田正睦《ほったまさよし》…下総《しもうさ》・佐倉藩《さくらはん》（現在《げんざい》の千葉県《ちばけん》佐倉市《さくらし》に藩庁《はんちょう》を置《お》いた藩《はん》）の藩主《はんしゅ》。老中《ろうじゅう》を統括《とうかつ》する老中首座《ろうじゅうしゅざ》を務《つと》めたが、実権《じっけん》は阿部正弘《あべまさひろ》にあった。

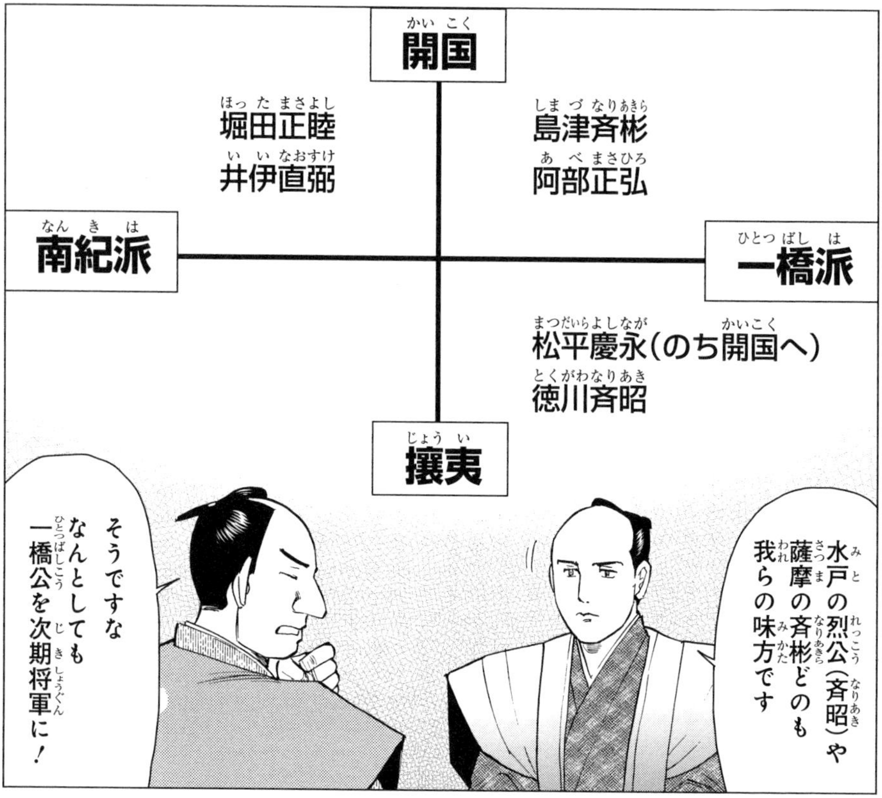
開国《かいこく》
堀田正睦《ほったまさよし》
井伊直弼《いいなおすけ》
島津斉彬《しまづなりあきら》
阿部正弘《あべまさひろ》
南紀派《なんきは》
一橋派《ひとつばしは》
松平慶永《まつだいらよしなが》（のち開国《かいこく》へ）
徳川斉昭《とくがわなりあき》
攘夷《じょうい》
水戸《みと》の烈公《れっこう》（斉昭《なりあき》）や薩摩《さつま》の斉彬《なりあきら》どのも我《われ》らの味方《みかた》です
そうですな なんとしても 一橋公《ひとつばしこう》を次期将軍《じきしょうぐん》に！

ところが それからまもなく 阿部正弘《あべまさひろ》が急死《きゅうし》してしまう

一橋派《ひとつばしは》の礎《いしずえ》を失《うしな》った慶永《よしなが》は すぐに 左内《さない》を福井《ふくい》から江戸《えど》へ呼《よ》び寄《よ》せた

下田《しもだ》・玉泉寺《ぎょくせんじ》…現在《げんざい》の静岡県下田市《しずおかけんしもだし》にある曹洞宗《そうとうしゅう》の寺《てら》。

領事館《りょうじかん》…自国《じこく》の通商促進《つうしょうそくしん》や国民保護《こくみんほご》などのために、外国《がいこく》に設置《せっち》される役所《やくしょ》。ここではアメリカが日本《にほん》に開《ひら》いたもの。

前年《ぜんねん》の七月《がつ》にアメリカから来日《らいにち》した
タウンゼント・ハリスが
翌八月《よくがつ》 下田《しもだ》・玉泉寺《ぎょくせんじ》に領事館《りょうじかん》を構《かま》えて
一年《ねん》が経《た》とうとしていた
その間《かん》
ハリスは日米修好通商条約《にちべいしゅうこうつうしょうじょうやく》の締結《ていけつ》を
幕府《ばくふ》に対《たい》して しつこく要求《ようきゅう》し続《つづ》けた
もはや江戸幕府《えどばくふ》には 将軍継嗣問題《しょうぐんけいしもんだい》と
通商条約締結《つうしょうじょうやくていけつ》（開国要求《かいこくようきゅう》）という
二《ふた》つの大《おお》きな問題《もんだい》を 自《みずか》ら解決《かいけつ》する力《ちから》はなく
一方《いっぽう》で雄藩《ゆうはん》の発言力《はつげんりょく》が
しだいに強《つよ》くなっていった
江戸《えど》・福井藩邸《ふくいはんてい》
江戸《えど》に着《つ》いた左内《さない》は
侍読兼御内用掛《じとうけんごないようがかり》を拝命《はいめい》し
名実《めいじつ》ともに慶永《よしなが》の懐刀《ふところがたな》となった

継嗣《けいし》…跡継《あとつ》ぎ。

侍読《じとう》…主君《しゅくん》に仕《つか》え、学問《がくもん》を教《おし》える職《しょく》。

御内用掛《ごないようがかり》…命《めい》を受《う》けて内々《うちうち》の公務《こうむ》を担当《たんとう》する職《しょく》。

懐刀《ふところがたな》…深《ふか》く信頼《しんらい》する部下《ぶか》。

建白書《けんぱくしょ》…政府《せいふ》や上役《うわやく》などに自分《じぶん》の意見《いけん》を申《もう》し立《た》てた書面《しょめん》。

よう来《き》てくれた 心強《こころづよ》いぞ 左内《さない》
もったいなき お言葉《ことば》にございます
早速《さっそく》ではあるが 異国《いこく》と どう接《せっ》するべきかの 建白書《けんぱくしょ》を 幕府《ばくふ》に 提出《ていしゅつ》せねばならぬ
余《よ》は攘夷《じょうい》を是《ぜ》とするが 今一度《いまいちど》 そちの考《かんが》えを 聞《き》かせてほしい
開国《かいこく》すべきかと 存《ぞん》じます！
!!
今《いま》 諸藩《しょはん》はバラバラで 幕府《ばくふ》でさえ統制《とうせい》が 取《と》れない状況《じょうきょう》です
諸外国《しょがいこく》と対峙《たいじ》する今《いま》こそ 日本《にほん》を一家《いっか》と見《み》なし 優秀《ゆうしゅう》な人材《じんざい》を全国《ぜんこく》 二百七十余藩《よはん》から 分《わ》け隔《へだ》てなく登用《とうよう》 しなければなりませぬ
そうやって組織《そしき》された閣僚《かくりょう》が 中央《ちゅうおう》から政治《せいじ》を発信《はっしん》し 諸藩《しょはん》が その指示《しじ》に従《したが》って 地方《ちほう》を運営《うんえい》すれば 日本国《にほんこく》は一《ひと》つになります！

日本《にほん》を一家《いっか》と見《み》なす……か
外国《がいこく》には「電信《でんしん》」という技術《ぎじゅつ》がございます
線《せん》をつなげば江戸《えど》と福井《ふくい》とで一瞬《いっしゅん》で文《ふみ》を送《おく》ることができます まさに日本中《にほんじゅう》が一家《いっか》のごとくやり取《と》りできるのです
異国《いこく》は そこまで進《すす》んでおるのか
殿《との》 私《わたくし》は諸外国《しょがいこく》の圧力《あつりょく》に屈《くっ》して開国《かいこく》せよと申《もう》し上《あ》げているわけではございませぬ
彼《か》の者《もの》らが無礼千万《ぶれいせんばん》であることも承知《しょうち》のうえ……悔《くや》しき気持《きも》ちは私《わたくし》とて同《おな》じでございます
左内《さない》よ みなまで言《い》わずともよい

今後《こんご》 福井藩《ふくいはん》は開国《かいこく》を支持《しじ》したうえで
幕府《ばくふ》の権威回復《けんいかいふく》に尽力《じんりょく》する
さて そうなると
一家《いっか》のまとめ役《やく》が
肝心《かんじん》だが……
ここは是非《ぜひ》とも
一橋慶喜公《ひとつばしよしのぶこう》を
将軍《しょうぐん》の座《ざ》につけるべく
尽力《じんりょく》してほしい
ははっ!
仰《おお》せのとおりに
左内《さない》の この考《かんが》え方《かた》は
まさに日本《にほん》における民主主義《みんしゅしゅぎ》の先駆《さきが》けであり
近代統一国家《きんだいとういつこっか》を目指《めざ》す画期的《かっきてき》な発想《はっそう》であった
安政《あんせい》四(1857)年《ねん》十月《がつ》
急逝《きゅうせい》した阿部正弘《あべまさひろ》に代《か》わって
堀田正睦《ほったまさよし》がハリスとの交渉《こうしょう》を行《おこな》っていた
バタ
バタ
バタ

開国派《かいこくは》の堀田《ほった》は 攘夷派《じょういは》の
徳川斉昭《とくがわなりあき》（烈公《れっこう》）を幕政参与《ばくせいさんよ》から
辞職《じしょく》させ 通商条約締結《つうしょうじょうやくていけつ》に向《む》けて
準備《じゅんび》を整《ととの》えていた
しかし 諸大名《しょだいみょう》の反対《はんたい》が強《つよ》く 一方《いっぽう》では
流血《りゅうけつ》も辞《じ》さない様相《ようそう》を呈《てい》していた
堀田様《ほったさま》 上洛《じょうらく》して 帝《みかど》から条約締結《じょうやくていけつ》の勅許《ちょっきょ》を 賜《たまわ》ってはいかがかと……
幕臣《ばくしん》・外国奉行《がいこくぶぎょう》
岩瀬忠震《いわせただなり》
なるほど…… それなら反対派《はんたいは》を 抑《おさ》え込《こ》めるな
井伊直弼《いいなおすけ》
それはよい考《かんが》えじゃ 帝《みかど》も将軍《しょうぐん》の申《もう》し出《で》とあらば むげには断《ことわ》るまい
幕臣《ばくしん》・海防御用掛《かいぼうごようがかり》
川路聖謨《かわじとしあきら》
……

幕政参与《ばくせいさんよ》…幕府《ばくふ》の政治《せいじ》にかかわる相談役《そうだんやく》。
上洛《じょうらく》…京《きょう》へのぼること。
帝《みかど》…天皇《てんのう》のこと。
勅許《ちょっきょ》…天皇《てんのう》の許可《きょか》。

孝明天皇《こうめいてんのう》…第《だい》121代《だい》天皇《てんのう》。

安政《あんせい》五(1858)年《ねん》二月《がつ》堀田正睦《ほったまさよし》と外交担当《がいこうたんとう》の川路聖謨《かわじとしあきら》そして岩瀬忠震《いわせただなり》が 孝明天皇《こうめいてんのう》の勅許《ちょっきょ》を求《もと》め京都《きょうと》へ入《はい》った
江戸《えど》・福井藩邸《ふくいはんてい》
先日《せんじつ》 堀田老中《ほったろうじゅう》が通商条約《つうしょうじょうやく》の勅許《ちょっきょ》を得《え》るため上洛《じょうらく》したとのこと
そう簡単《かんたん》に勅許《ちょっきょ》が下《お》りるとは 到底《とうてい》思《おも》えませぬが……
うむ 京都《きょうと》は攘夷派《じょういは》が強《つよ》いと聞《き》いておる
……それに開国派《かいこくは》の堀田《ほった》どのが次期将軍《じきしょうぐん》には慶福公《よしとみこう》を推《お》しているのも気《き》にかかる

そこで左内《さない》よ 急《いそ》ぎ上洛《じょうらく》して 攘夷派《じょういは》を 開国派《かいこくは》へ導《みちび》き――
そのうえで次期将軍《じきしょうぐん》に 一橋公《ひとつばしこう》を推《お》すよう 公家衆《くげしゅう》を説得《せっとく》してほしい
殿上人《てんじょうびと》を説《と》き伏《ふ》せるなど 私《わたくし》には恐《おそ》れ多《おお》いことで 荷《に》が重《おも》すぎます
国《くに》にとっての一大事《いちだいじ》―― 交渉《こうしょう》を成《な》し得《え》るのは そちしかおらぬ
当時《とうじ》 幕府《ばくふ》は 大名《だいみょう》と公家《くげ》が 連絡《れんらく》を取《と》って手《て》を結《むす》ぶことを 厳禁《げんきん》しており――
かしこまりました
この仕事《しごと》が国禁《こっきん》に触《ふ》れる危険《きけん》な行為《こうい》であることを 慶永《よしなが》はもちろんのこと 左内《さない》も重々承知《じゅうじゅうしょうち》していた
頼《たの》むぞ 左内《さない》！

殿上人《てんじょうびと》…内裏《だいり》（天皇《てんのう》の住居《じゅうきょ》）の建物《たてもの》の一《ひと》つである清涼殿《せいりょうでん》の、殿上《てんじょう》の間《ま》に昇《のぼ》ることを許《ゆる》された人《ひと》。

第《だい》四章《しょう》　京都《きょうと》の舌戦《ぜっせん》

左内《さない》は大坂《おおさか》で航海術調査《こうかいじゅつちょうさ》をするという
名目《めいもく》で京都入《きょうとい》りし　身元《みもと》を隠《かく》すため
「桃井伊織《ももいいおり》」と名乗《なの》って活動《かつどう》した

薩《さつ》摩《ま》藩《はん》からは公家《くげ》説得《せっとく》の応援《おうえん》として西郷《さいごう》が遣《つか》わされた
殿《との》(斉彬《なりあきら》)の命《めい》によりおはんと連携《れんけい》すっど
西郷《さいごう》さんがついていれば百人力《ひゃくにんりき》ですかたじけない
聞《き》くところによると井《い》伊《い》の懐刀《ふところがたな》・長野《ながの》主膳《しゅぜん》も京都《きょうと》入《い》りしたそうでごわっそ
一番《いちばん》の腹心《ふくしん》を送《おく》り込《こ》んでくるとはあちらも必死《ひっし》……ということですね
そして梅田《うめだ》雲浜《うんぴん》ら攘夷派《じょういは》も開国《かいこく》を阻止《そし》するために京都《きょうと》に集合《しゅうごう》した

京都御所《きょうとごしょ》…現在《げんざい》の京都府京都市《きょうとふきょうとし》にある旧皇居《きゅうこうきょ》。

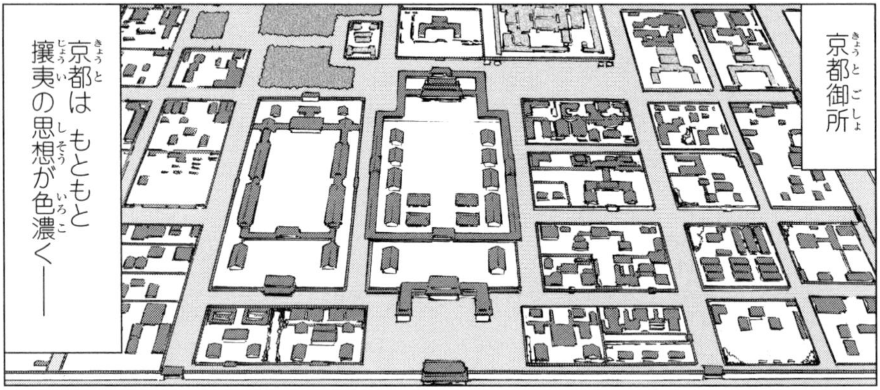
京都御所《きょうとごしょ》
京都《きょうと》は もともと 攘夷《じょうい》の思想《しそう》が色濃《いろこ》く――

孝明天皇《こうめいてんのう》
朕《ちん》は夷狄《いてき》が嫌《きら》いじゃ 調印《ちょういん》には一切《いっさい》賛同《さんどう》できぬ

左内《さない》たちが懸念《けねん》したとおり 堀田《ほった》たち幕府方《ばくふがた》の交渉《こうしょう》は 難航《なんこう》をきわめた
……

青蓮院宮《しょうれんいんのみや》…通称《つうしょう》・中川宮《なかがわのみや》、のちの久邇宮朝彦親王《くにのみやあさひこしんのう》のこと。

甘酒《あまざけ》
一方《いっぽう》 左内《さない》も苦戦《くせん》していた
帝《みかど》から信頼《しんらい》されている青蓮院宮様《しょうれんいんのみやさま》に なんとかお目通《めどお》りかなわぬだろうか
もぐもぐ
宮様《みやさま》はおはんら福井藩《ふくいはん》のことを西洋《せいよう》びいきで頼《たよ》りにならぬと仰《おお》せじゃっど
おそらく 宮様《みやさま》とつながりの深《ふか》い梅田雲浜《うめだうんぴん》どのが言《い》い広《ひろ》めたのでしょう
何《なに》か手立《てだ》てはありもはんか
こうなったら正面《しょうめん》から乗《の》り込《こ》むしかありませんね
すっ
……

京都《きょうと》・雲浜邸《うんぴんてい》
よう参《まい》られた 左内《さない》どの
お久《ひさ》しゅうございます 適塾時代《てきじゅくじだい》にお会《あ》いしたので 七 八年《ねん》ぶりになります
貴殿《きでん》のお噂《うわさ》はかねがね── 今《いま》では慶永公《よしながこう》の懐刀《ふところがたな》と 聞《き》いておるが……
英邁《えいまい》なる慶永公《よしながこう》を説得《せっとく》し 攘夷《じょうい》から開国《かいこく》に導《みちび》いたのは さすがとしか言《い》いようがない
いえ……今日《きょう》 お伺《うかが》いしたのは その事《こと》ではなく──
ほう…… では何用《なによう》で？
はい じつは一橋慶喜公《ひとつばしよしのぶこう》の 次期将軍擁立運動《じきしょうぐんようりつうんどう》を 京都《きょうと》で展開《てんかい》しております
ああ それなら 西郷《さいごう》どのからも 話《はなし》を聞《き》きましたよ
攘夷派《じょういは》で知《し》られる 水戸《みと》の烈公《れっこう》のご子息《しそく》と なれば 我々《われわれ》も大賛成《だいさんせい》

擁立《ようりつ》…もりたてて、高《たか》い地位《ちい》や役《やく》につかせること。

でしたら是非《ぜひ》雲浜《うんぴん》どのから青蓮院宮様《しょうれんいんのみやさま》への お目通《めどお》りを お願《ねが》いできない ものでしょうか
一橋派《ひとつばしは》の味方《みかた》を 増《ふ》やしたいのです
なるほど そういうこと でしたら……
かたじけのう ございます！
左内《さない》は梅田雲浜《うめだうんぴん》のとりなしで 青蓮院宮《しょうれんいんのみや》との会見《かいけん》にこぎ着《つ》けた
慶永《よしなが》は最近《さいきん》になって 開国《かいこく》に転《てん》じたとか？ どういうつもりで おじゃろう
日本《にほん》は神《かみ》の国《くに》……夷狄《いてき》と 交《まじ》わるなど汚《けが》らわしい
青蓮院宮《しょうれんいんのみや》
（のちの久邇宮朝彦親王《くにのみやあさひこしんのう》）
仰《おお》せのとおり 日本《にほん》に根差《ねざ》す 忠孝仁義《ちゅうこうじんぎ》の精神《せいしん》は どこの 国《くに》よりも秀《ひい》でております
しかしながら 機械技術《きかいぎじゅつ》の 進歩《しんぽ》は外国《がいこく》に劣《おと》ります

忠孝仁義《ちゅうこうじんぎ》…主君《しゅくん》への忠義《ちゅうぎ》と親孝行《おやこうこう》、思《おも》いやりの心《こころ》と正義《せいぎ》。

このまま攻《せ》め込《こ》まれたら
わが国《くに》は ひとたまりも
ございません
イギリス
清《しん》
日本《にほん》
あの広大《こうだい》な国土《こくど》を持《も》つ清国《しんこく》が
島国《しまぐに》であるイギリスに敗北《はいぼく》したのは
彼《かれ》らが驕《おご》り 敵《てき》を侮《あなど》って
なんの策《さく》も講《こう》じなかったからです
では どうすれば
よいと言《い》うのじゃ
英邁《えいまい》な一橋慶喜公《ひとつばしよしのぶこう》を将軍《しょうぐん》にし
夷狄《いてき》に浮《う》き足立《あしだ》っている諸藩《しょはん》を
一《ひと》つにまとめねばなりません
ふむ……なるほど
攘夷派《じょういは》の長《おさ》・烈公《れっこう》の
虎《とら》の子《こ》でおじゃるか
これをきっかけに左内《さない》は青蓮院宮《しょうれんいんのみや》と
面談《めんだん》を重《かさ》ね 深《ふか》い信頼《しんらい》を得《え》ることに成功《せいこう》した

その後《ご》も左内《さない》は公家《くげ》たちに粘《ねば》り強《づよ》く外国《がいこく》の状況《じょうきょう》を説明《せつめい》し最終的《さいしゅうてき》には開国派《かいこくは》へ導《みちび》いた
かくかくしかじか。
うむ！ 夷狄《いてき》の知恵《ちえ》をのう
このような地道《じみち》な活動《かつどう》が功《こう》を奏《そう》し三条実万《さんじょうさねつむ》など 味方《みかた》の公家《くげ》を増《ふ》やしていったのである
――つまり……というわけで……
……なるほど そちの申《もう》すとおりじゃ！
一方《いっぽう》井伊《いい》の腹心《ふくしん》である長野主膳《ながのしゅぜん》は攘夷派《じょういは》の関白《かんぱく》・九条尚忠《くじょうひさただ》に急速《きゅうそく》に接近《せっきん》していた
つまらぬものですが……
長野主膳《ながのしゅぜん》

関白《かんぱく》…成人《せいじん》した天皇《てんのう》を助《たす》けて、政治《せいじ》を行《おこな》う職《しょく》。

麿《まろ》が悪《わる》いようにはせぬ
井《い》伊《い》どのにも　そう伝《つた》えよ
関白《かんぱく》　九条尚忠《くじょうひさただ》
あとは邪魔者《じゃまもの》を
始末《しまつ》するのみ……
御旅籠
ずんばい
食《た》もい
やんせ
がふがふ
どうやら主膳《しゅぜん》が関白《かんぱく》を
抱《だ》き込《こ》んだそうでごわす
朝廷内《ちょうていない》での発言力《はつげんりょく》が強《つよ》い
関白《かんぱく》が南紀派《なんきは》に肩《かた》入《い》れすると
こちらが不利《ふり》ですね……
やーん
ハッ
ハッ
ぱたぱた

ずんばい食《た》もいやんせ…たくさん召《め》しあがれ。

お命頂戴《いのちちょうだい》！
ガラッ
ワアアアッ
ガシャー
きゃあっ！
ガッ
ゴス
バウ

主膳《しゅぜん》どのの手《て》の者《もの》ですか!
ゴキッ
刀《かたな》では何《なに》も解決《かいけつ》しません 言葉《ことば》での戦《いくさ》なら いつでも受《う》けて立《た》つと伝《つた》えなさい
引《ひ》け!
ばっ
ワンワン
ワンワン
スタッ
おはんの肝《きも》が太《ふと》かとは知《し》っちょったが腕《うで》も立《た》つとはのう
あなたの犬《いぬ》も大《たい》したものです それはさておき こちらも奥《おく》の手《て》を使《つか》いますよ
奥《おく》の手《て》?
ええ……わが殿《との》のお手《て》をわずらわせることになりますが この際《さい》 仕方《しかた》ありません
ワン!

左内《さない》は福井藩領《ふくいはんりょう》・三国出身《みくにしゅっしん》の三国大学《みくにだいがく》に 太閤《たいこう》である鷹司政通《たかつかさまさみち》を味方《みかた》につけるよう説得《せっとく》を頼《たの》んだ
私《わたし》は鷹司卿《たかつかさきょう》の侍講《じこう》です 慶永公《よしながこう》から一筆賜《いっぴつたまわ》れば 福井《ふくい》のために一肌《ひとはだ》脱《ぬ》ぎましょう
三国大学《みくにだいがく》
鷹司政通《たかつかさまさみち》
左内《さない》を通《つう》じて慶永直筆《よしながじきひつ》の依頼状《いらいじょう》をもらった大学《だいがく》は大喜《おおよろこ》びで太閤《たいこう》を説得《せっとく》した
その結果《けっか》 勅許案《ちょっきょあん》には次期将軍《じきしょうぐん》の条件《じょうけん》として「英傑《えいけつ》・人望《じんぼう》・年長《ねんちょう》」という三《みっ》つの項目《こうもく》が付《つ》け加《くわ》わることとなった
何《なに》? 年長《ねんちょう》ということは一橋公《ひとつばしこう》ではないか! 左内《さない》の差《さ》し金《がね》か?
バキッ

三国《みくに》…現在《げんざい》の福井県坂井市《ふくいけんさかいし》。

太閤《たいこう》…関白《かんぱく》の職《しょく》をその子《こ》に譲《ゆず》った人《ひと》。

侍講《じこう》…君主《くんしゅ》に学問《がくもん》を講義《こうぎ》する人《ひと》。

英傑《えいけつ》…才知《さいち》などが人並《ひとな》み以上《いじょう》に優《すぐ》れている人《ひと》。

左内《さない》は さらに一橋派《ひとつばしは》の地盤《じばん》を 固《かた》めるため 堀田《ほった》に接近《せっきん》した
いったい どうすれば 帝《みかど》は条約調印《じょうやくちょういん》を 認《みと》めてくださるのか
勅許《ちょっきょ》には開国《かいこく》を 禁《きん》じるとは記《しる》されて おりませぬ 一橋公《ひとつばしこう》の父《ちち》・烈公《れっこう》も わが子《こ》が 将軍《しょうぐん》になれるのであれば 調印《ちょういん》の 後押《あとお》しをしてくれるはずです
南紀派《なんきは》のそれがしに 一橋派《ひとつばしは》を応援《おうえん》せよと 申《もう》されるか……
致《いた》し方《かた》あるまい…… ここは将軍継嗣《しょうぐんけいし》より 幕府外交官《ばくふがいこうかん》として 職務《しょくむ》を是《ぜ》が非《ひ》でも 果《は》たさねばならぬ
左大臣《さだいじん》の近衛忠煕様《このえただひろさま》も 一橋派《ひとつばしは》を支持《しじ》して くださるそうじゃ
西郷《さいごう》さん これで次期将軍《じきしょうぐん》は 一橋公《ひとつばしこう》でほぼ決《き》まりです 視察先《しさつさき》の奈良《なら》で 吉報《きっぽう》を待《ま》つとしましょう

――ところが 堀田《ほった》が朝廷《ちょうてい》から
受《う》け取《と》った文面《ぶんめん》には
「英傑《えいけつ》・人望《じんぼう》・年長《ねんちょう》」の
三条件《じょうけん》は記《しる》されていなかった
左内《さない》が京都《きょうと》を離《はな》れた際《さい》に
主膳《しゅぜん》に言《い》われるがまま
関白《かんぱく》が勝手《かって》に削《けず》ったのであった
……そ そんな
堀田《ほった》は一橋擁立《ひとつばしようりつ》だけでなく
条約調印《じょうやくちょういん》の勅許《ちょっきょ》も受《う》けることが
できなかったのである
奈良《なら》で知《し》らせを受《う》けた
左内《さない》の落胆《らくたん》は大《おお》きかった
土壇場《どたんば》で主膳《しゅぜん》どのにしてやられたか！
一筋《ひとすじ》の光明《こうみょう》といえば 熊本藩《くまもとはん》との
交渉《こうしょう》が難航《なんこう》していた横井小楠《よこいしょうなん》の
福井《ふくい》入《い》りが決《き》まったことである
左内《さない》は三岡石五郎《みつおかいしごろう》とともに
京都《きょうと》で小楠《しょうなん》を迎《むか》えた

今回《こんかい》ばかりは詰《つ》めが甘《あま》かったようだな　左内君《さないくん》
面目次第《めんぼくしだい》もございません
あまり　ご自分《じぶん》をお責《せ》めになられますな　殿《との》も「よくやった」と仰《おお》せです
さて……左内君《さないくん》
はい　小楠先生《しょうなんせんせい》
君《きみ》は　なぜ　開国《かいこく》と一橋公《ひとつばしこう》の二兎《にと》ば追《お》ったとか？「二兎《にと》追《お》う者《もの》は一兎《いっと》をも得《え》ず」と言《い》うじゃなかか
通商条約《つうしょうじょうやく》と将軍継嗣《しょうぐんけいし》どっちが大事《だいじ》か？
それは……

通商《つうしょう》……つまり開国問題《かいこくもんだい》は
国《くに》の存亡《そんぼう》がかかっとるけん
急《きゅう》を要《よう》する最優先事項《さいゆうせんじこう》たい
一方《いっぽう》 将軍継嗣《しょうぐんけいし》は国内《こくない》の問題《もんだい》で
二《ふた》つを同時《どうじ》に解決《かいけつ》できるほど
世《よ》の中《なか》は単純《たんじゅん》じゃあなか
すっ
ばってん……
攘夷派主流《じょういはしゅりゅう》の朝廷《ちょうてい》を
開国《かいこく》に動《うご》かした弁舌《べんぜつ》は
大《だい》したもんばい！
あとは天子様《てんしさま》しだいと
いうわけじゃ
小楠先生《しょうなんせんせい》……
君《きみ》は まだ若《わか》か
これからが正念場《しょうねんば》たい
がまだせよ！
（がんばれよ）
はい！
江戸城《えどじょう》
しかし 運命《うんめい》は容赦《ようしゃ》なく
左内《さない》たちに襲《おそ》いかかった

安政五《あんせい》(1858)年《ねん》四月《がつ》二十三日《にち》
将軍《しょうぐん》・家定《いえさだ》の意向《いこう》により突如《とつじょ》として
井伊直弼《いいなおすけ》が大老《たいろう》に就任《しゅうにん》すると——
六月《がつ》十九日《にち》 井伊大老《いいたいろう》に全権《ぜんけん》を託《たく》された
岩瀬忠震《いわせただなり》と井上清直《いのうえきよなお》が 天皇《てんのう》の勅許《ちょっきょ》を得《え》ずに
日米修好通商条約《にちべいしゅうこうつうしょうじょうやく》に調印《ちょういん》したのである
六月二十四日《がつにじゅうよっか》 慶永《よしなが》は異議《いぎ》申《もう》し立《た》てのため
登城《とじょう》の日《ひ》ではないにもかかわらず江戸城《えどじょう》に押《お》しかけた
帝《みかど》に対《たい》する不敬《ふけい》の罪《つみ》に問《と》うべきです
井伊大老《いいたいろう》にはどういうことか説明責任《せつめいせきにん》を果《は》たしてもらわねばのう
すでに水戸《みと》の烈公《れっこう》こと徳川斉昭《とくがわなりあき》
同藩主《どうはんしゅ》・慶篤《よしあつ》 尾張藩主《おわりはんしゅ》・慶恕《よしくみ》(慶勝《よしかつ》)が
登城《とじょう》していたが 井伊大老《いいたいろう》の真意《しんい》を
問《と》いただすことはできなかった

尾張藩《おわりはん》…現在《げんざい》の愛知県《あいちけん》名古屋市《なごやし》に藩庁《はんちょう》を置《お》いた藩《はん》。親藩《しんぱん》で御三家《ごさんけ》の一《ひと》つ。

大老《たいろう》…将軍《しょうぐん》を補佐《ほさ》する江戸《えど》幕府《ばくふ》最高《さいこう》の職《しょく》。井上清直《いのうえきよなお》…幕臣《ばくしん》。初代《しょだい》外国奉行《がいこくぶぎょう》。

不時《ふじ》登城《とじょう》…予定《よてい》にない登城《とじょう》。
隠居謹慎《いんきょきんしん》…ここでは、当主《とうしゅ》の地位《ちい》や財産《ざいさん》、仕事《しごと》などを次代《じだい》に譲《ゆず》らせ、公的《こうてき》な活動《かつどう》を禁止《きんし》する刑罰《けいばつ》。

翌《よく》二十五日《にち》――
井伊大老《いいたいろう》は家定《いえさだ》の指名《しめい》と称《しょう》し
慶福《よしとみ》を次期将軍《じきしょうぐん》に決定《けってい》してしまう
徳川家茂《とくがわいえもち》（慶福改《よしとみあらた》め）
さらに七月五日《がついつか》
慶永《よしなが》と烈公《れっこう》らに不時登城《ふじとじょう》の罪《つみ》で
隠居謹慎《いんきょきんしん》という厳《きび》しい処分《しょぶん》を下《くだ》す
江戸《えど》・福井藩邸《ふくいはんてい》
どうか
こたびの不始末《ふしまつ》の
責任《せきにん》を取《と》らせて
いただきとう存《ぞん》じます
中根《なかね》も左内《さない》も
馬鹿《ばか》を申《もう》すでない！
余《よ》は そなたらにまで
沙汰《さた》が及《およ》ばず
本当《ほんとう》によかったと
思《おも》うておるのじゃ

沙汰《さた》…決定《けってい》、命令《めいれい》、指示《しじ》などの意味《いみ》。

しかし……それでは殿《との》が！
そのほうは危険《きけん》を承知《しょうち》で開国説得《かいこくせっとく》に奔走《ほんそう》し 見事実現《みごとじつげん》した余《よ》が罰《ばつ》を受《う》けるのも覚悟《かくご》のうえじゃ
今後《こんご》も忠勤《ちゅうきん》に励《はげ》んでくれ 今《いま》 自害《じがい》などしようものなら余《よ》を見捨《みす》てたことになると思《おも》え
ははーっ
この時《とき》 慶永《よしなが》は 中根《なかね》には脇差《わきざし》 左内《さない》には硯箱《すずりばこ》を与《あた》えた 硯箱《すずりばこ》には二両《りょう》が忍《しの》ばされていたが 現在《げんざい》も当時《とうじ》のまま 福井市立《ふくいしりつ》郷土歴史博物館《きょうどれきしはくぶつかん》に展示《てんじ》されている
一方《いっぽう》 井伊大老《いいたいろう》の専横《せんおう》に憤《いきどお》りを感《かん》じた島津斉彬《しまづなりあきら》は 五千《せん》の兵《へい》を率《ひき》いて上京《じょうきょう》し幕府《ばくふ》に改革《かいかく》を迫《せま》る計画《けいかく》を立《た》てていた
殿《との》ーっ！ おいはどげんしたらよかどじゃあ！
しかし 七月《がつ》十六日《にち》 斉彬《なりあきら》の急死《きゅうし》でこの上洛計画《じょうらくけいかく》は頓挫《とんざ》するのである

脇差《わきざし》…武士《ぶし》が腰《こし》に差《さ》す、大小二振《だいしょうふたふ》りの刀《かたな》のうちの小刀《しょうとう》のこと。 専横《せんおう》…好《す》き勝手《かって》な振《ふ》る舞《ま》い。 頓挫《とんざ》…計画《けいかく》などが途中《とちゅう》で急《きゅう》にだめになること。

第五章《だいしょう》　安政《あんせい》の大獄《たいごく》

井伊大老《いいたいろう》が　その後《ご》も勅許《ちょっきょ》なしに
ロシアやイギリスと通商条約《つうしょうじょうやく》を
結《むす》んだため——
安政《あんせい》五（1858）年《ねん》八月八日《がつようか》
攘夷派《じょういは》の孝明天皇《こうめいてんのう》は
幕府《ばくふ》に抗議《こうぎ》の意味《いみ》をこめて
水戸藩《みとはん》に意見書《いけんしょ》を下《くだ》した（戊午《ぼご》の密勅《みっちょく》）
朝廷《ちょうてい》に対《たい》する 幕府《ばくふ》の不敬《ふけい》や 許《ゆる》すまじき……
孝明天皇《こうめいてんのう》

井伊大老《いいたいろう》は派閥強化《はばつきょうか》のため
六月《がつ》に鯖江藩主《さばえはんしゅ》・間部詮勝《まなべあきかつ》を
老中《ろうじゅう》に復帰《ふっき》させている
二人《ふたり》は「井伊《いい》の赤鬼《あかおに》
間部《まなべ》の青鬼《あおおに》」として
恐《おそ》れられた
幕政《ばくせい》に関与《かんよ》なさるとは
帝《みかど》にも困《こま》ったものです
間部詮勝《まなべあきかつ》
帝《みかど》に よからぬことを
吹《ふ》き込《こ》む輩《やから》は厳罰《げんばつ》に
処《しょ》すべし
はっ!
幕府転覆《ばくふてんぷく》をもくろむ
叛逆者《はんぎゃくしゃ》どもを 一人残《ひとりのこ》らず
引《ひ》っ立《た》てい!
ビシッ

鯖江藩《さばえはん》…現在《げんざい》の福井県《ふくいけん》鯖江市《さばえし》に藩庁《はんちょう》を置《お》いた藩《はん》。

九月《がつ》七日《なのか》の梅田雲浜《うめだうんぴん》の逮捕《たいほ》を口火《くちび》に
一橋派《ひとつばしは》と見《み》なされた志士《しし》や学者《がくしゃ》は
ことごとく逮捕《たいほ》されていった
病床《びょうしょう》の妻《つま》も 飢《う》えた子《こ》も
置《お》いて ひたすら国事《こくじ》に
奔走《ほんそう》した その結果《けっか》が
これか……
これが世《よ》に言《い》う
「安政《あんせい》の大獄《たいごく》」である
江戸《えど》・福井藩邸《ふくいはんてい》
「稚心《ちしん》を去《さ》る」「気《き》を振《ふる》う」
「志《こころざし》を立《た》てる」「学《がく》に勉《つと》める」
「交友《こうゆう》を択《えら》ぶ」……
十五の時《とき》に抱《いだ》いた理想《りそう》に
私《わたし》は まだまだ届《とど》いておらぬ
……もっと精進《しょうじん》せねば

ガターン
「桃井伊織《ももいいおり》」こと
橋本左内《はしもとさない》だな？
御用《ごよう》である！
神妙《しんみょう》にいたせ
逃《に》げも隠《かく》れも
いたしません
よろしい
いざ参《まい》らん
一方《いっぽう》 斉彬《なりあきら》を失《うしな》い 前途《ぜんと》を悲観《ひかん》した
西郷《さいごう》は ともに活動《かつどう》した
僧侶《そうりょ》・月照《げっしょう》と入水自殺《じゅすいじさつ》を図《はか》るが――
仲間《なかま》に助《たす》けられ
一命《いちめい》をとりとめた

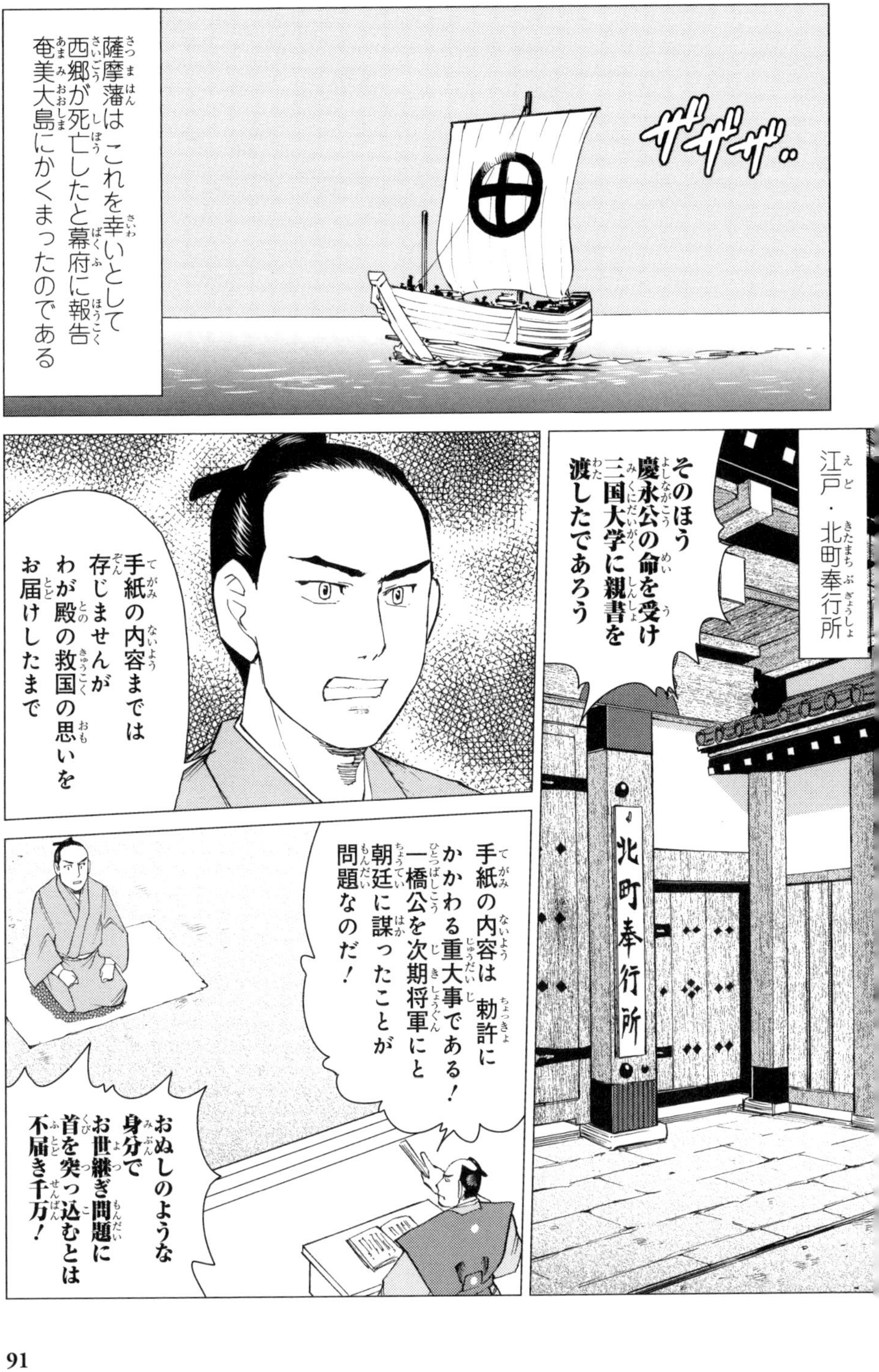

ザザザ…
薩摩藩《さつまはん》はこれを幸《さいわ》いとして西郷《さいごう》が死亡《しぼう》したと幕府《ばくふ》に報告《ほうこく》奄美大島《あまみおおしま》にかくまったのである
江戸《えど》・北町奉行所《きたまちぶぎょうしょ》
そのほう慶永公《よしながこう》の命《めい》を受《う》け三国大学《みくにだいがく》に親書《しんしょ》を渡《わた》したであろう
北町奉行所
手紙《てがみ》の内容《ないよう》までは存《ぞん》じませんがわが殿《との》の救国《きゅうこく》の思《おも》いをお届《とど》けしたまで
手紙《てがみ》の内容《ないよう》は勅許《ちょっきょ》にかかわる重大事《じゅうだいじ》である！一橋公《ひとつばしこう》を次期将軍《じきしょうぐん》にと朝廷《ちょうてい》に謀《はか》ったことが問題《もんだい》なのだ！
おぬしのような身分《みぶん》でお世継《よつ》ぎ問題《もんだい》に首《くび》を突《つ》っ込《こ》むとは不届《ふとど》き千万《せんばん》！

悪事《あくじ》のほかは 主命《しゅめい》とあらば
受《う》けるべきかと！
主命《しゅめい》を受《う》けぬことのほうが
義《ぎ》と言《い》われるか！
うぐ……
……
慶永《よしなが》は「春嶽《しゅんがく》」と号《ごう》し 養子《ようし》の茂昭《もちあき》に藩主《はんしゅ》の座《ざ》を譲《ゆず》って
江戸《えど》・霊岸島《れいがんじま》の福井藩中屋敷《ふくいはんなかやしき》に蟄居《ちっきょ》させられていた
幕府《ばくふ》の役人《やくにん》に ってを
たどって聞《き》いたところ
左内先生《さないせんせい》の罪《つみ》は 軽《かる》く
済《す》みそうだとのことです
それは まことか？
はっ 年内《ねんない》にも
放免《ほうめん》されるとか

霊岸島《れいがんじま》…現在《げんざい》の東京都《とうきょうと》中央区《ちゅうおうく》新川《しんかわ》。
蟄居《ちっきょ》…武士《ぶし》への刑罰《けいばつ》の一《ひと》つ。屋敷《やしき》の門《もん》を閉《と》ざし、一部屋《ひとへや》で謹慎《きんしん》させるもの。

伝馬町《てんまちょう》…現在《げんざい》の東京都《とうきょうと》中央区《ちゅうおうく》にあった牢屋敷《ろうやしき》を指《さ》す。

麝香《じゃこう》…とても貴重《きちょう》で高価《こうか》な強心薬《きょうしんやく》として用《もち》いられた、動物性《どうぶつせい》の香料《こうりょう》。

それを聞《き》いて安心《あんしん》した
これを伝馬町《てんまちょう》の左内《さない》に届《とど》けさせよ
左内《さない》は春嶽《しゅんがく》から賜《たまわ》った麝香《じゃこう》を開封《かいふう》せず母《はは》・梅尾《うめお》に送《おく》り届《とど》けた
左内《さない》や……体《からだ》をいたわるのですよ
安政《あんせい》の大獄《たいごく》の裁判《さいばん》は五手掛《ごてがかり》(寺社《じしゃ》・町《まち》・勘定《かんじょう》の三奉行《ぶぎょう》と目付《めつけ》・大目付《おおめつけ》)によって審理《しんり》された
罪状審議《ざいじょうしんぎ》の結果《けっか》 橋本左内《はしもとさない》――遠島《えんとう》

遠島《えんとう》…江戸《えど》時代《じだい》の刑罰《けいばつ》の一《ひと》つ。財産《ざいさん》を没収《ぼっしゅう》して離島《りとう》へ送《おく》る。島流《しまなが》し。

陪臣《ばいしん》…諸大名《しょだいみょう》の家臣《かしん》。

左内《さない》が遠島《えんとう》？
橋本《はしもと》の罪《つみ》は陪臣《ばいしん》でありながら朝廷工作《ちょうていこうさく》を行《おこな》ったこと
遠島《えんとう》が妥当《だとう》かと——
軽輩《けいはい》の身《み》で貴人《きじん》をたぶらかしたるは極刑《きょっけい》でも足《た》りぬほどじゃ
あの者《もの》を生《い》かしておけば必《かなら》ずや幕府《ばくふ》を滅《ほろ》ぼすであろう
サラ
サラ
——よって……
何より一等重き方
橋本左内
何より一等重き方
三国大学
井伊《いい》どの！お話《はなし》がござる
何《なに》か？間部《まなべ》どの

何《いずれ》より一等《いっとう》重《おも》き方《かた》…死罪《しざい》のこと。

他日《たじつ》……いつか別《べつ》の日《ひ》。後日《ごじつ》。

確《たし》かに左内《さない》は我《われ》らの敵《てき》なれど
他日《たじつ》 必《かなら》ず日本《にほん》の役《やく》に立《た》つ男《おとこ》！
どうか お考《かんが》え直《なお》しを……！
……その「他日《たじつ》」を
日本《にほん》に残《のこ》すために
わしは戦《たたか》っておる！
しかし……なにも
殺《ころ》さずとも……
間部詮勝《まなべあきかつ》は その後《ご》も
井伊大老《いいたいろう》と意見《いけん》が合《あ》わず
老中《ろうじゅう》を免職《めんしょく》させられた
伝馬町《てんまちょう》・牢屋敷《ろうやしき》
小傳馬町牢屋敷

食事《しょくじ》をお持《も》ちしました
かたじけない
わしは長年《ながねん》 牢番《ろうばん》をやっとりますが……
この度《たび》の大獄《たいごく》で捕《つか》まった方々《かたがた》の振《ふ》る舞《ま》いは 皆《みな》ご立派《りっぱ》でございます
吉田松陰《よしだしょういん》先生《せんせい》も……
あの松蔭《しょういん》どのもここに？
是非《ぜひ》 お目《め》にかかりたいものだ……
牢屋敷《ろうやしき》・松陰《しょういん》の牢《ろう》
……

橋本左内《はしもとさない》どのが この牢屋敷《ろうやしき》に？
同《おな》じ敷地内《しきちない》―― どうにかして一目《ひとめ》 会《あ》えないものか
二人《ふたり》は互《たが》いに その才覚《さいかく》を 伝《つた》え聞《き》くばかりで ついに 相《あい》まみえることはなかった
同《どう》・牢屋敷《ろうやしき》 刑場《けいじょう》
母上《ははうえ》 どうやら 私《わたし》は ここで死《し》なねば ならぬようです
この先《さき》 この国《くに》が どうなってしまうのか 私《わたし》には もう 見《み》ることができない……
ポロ ポロ ポロ
それだけが心残《こころのこ》りです

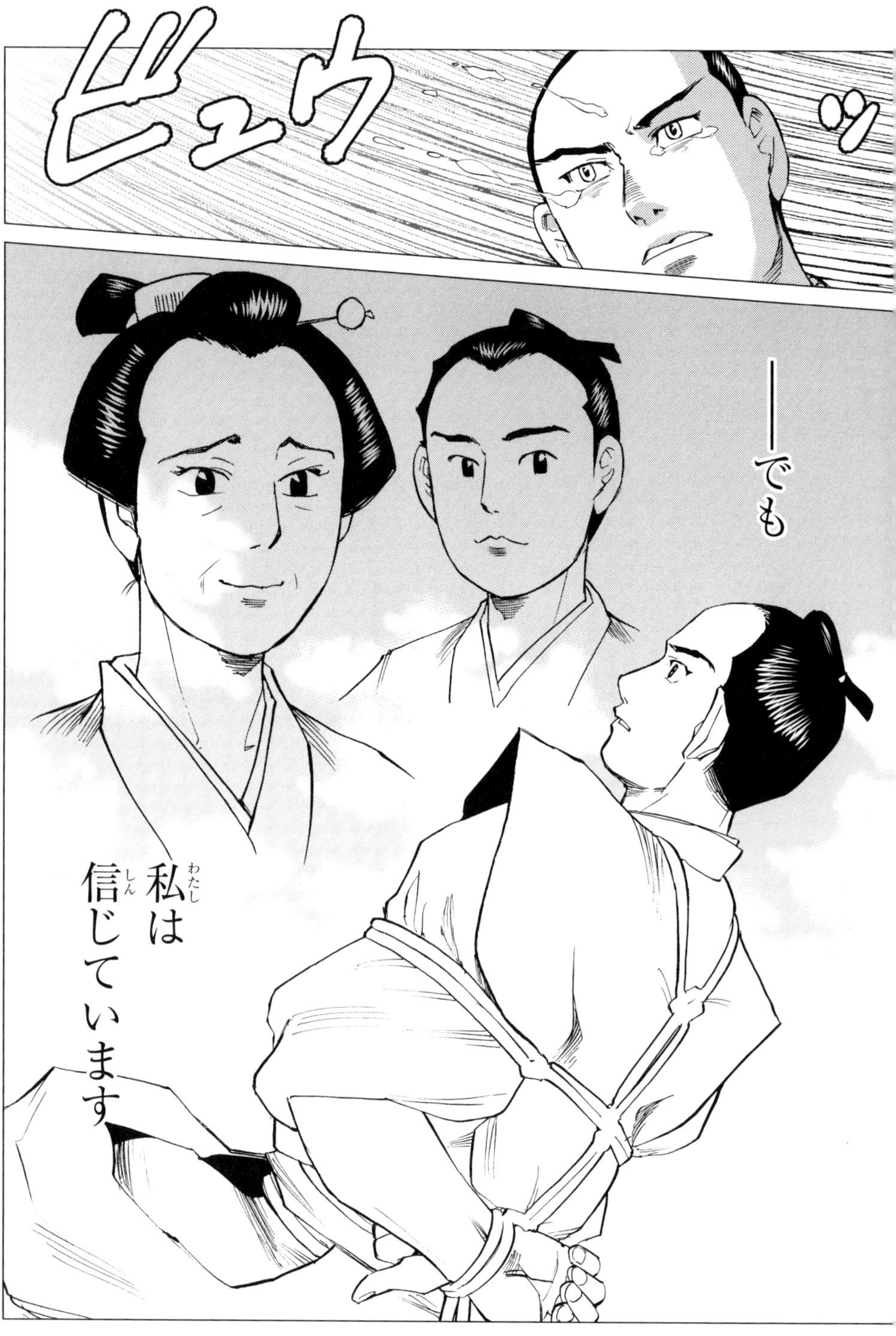
ビッ
ビュウ
――でも
私《わたし》は信《しん》じています

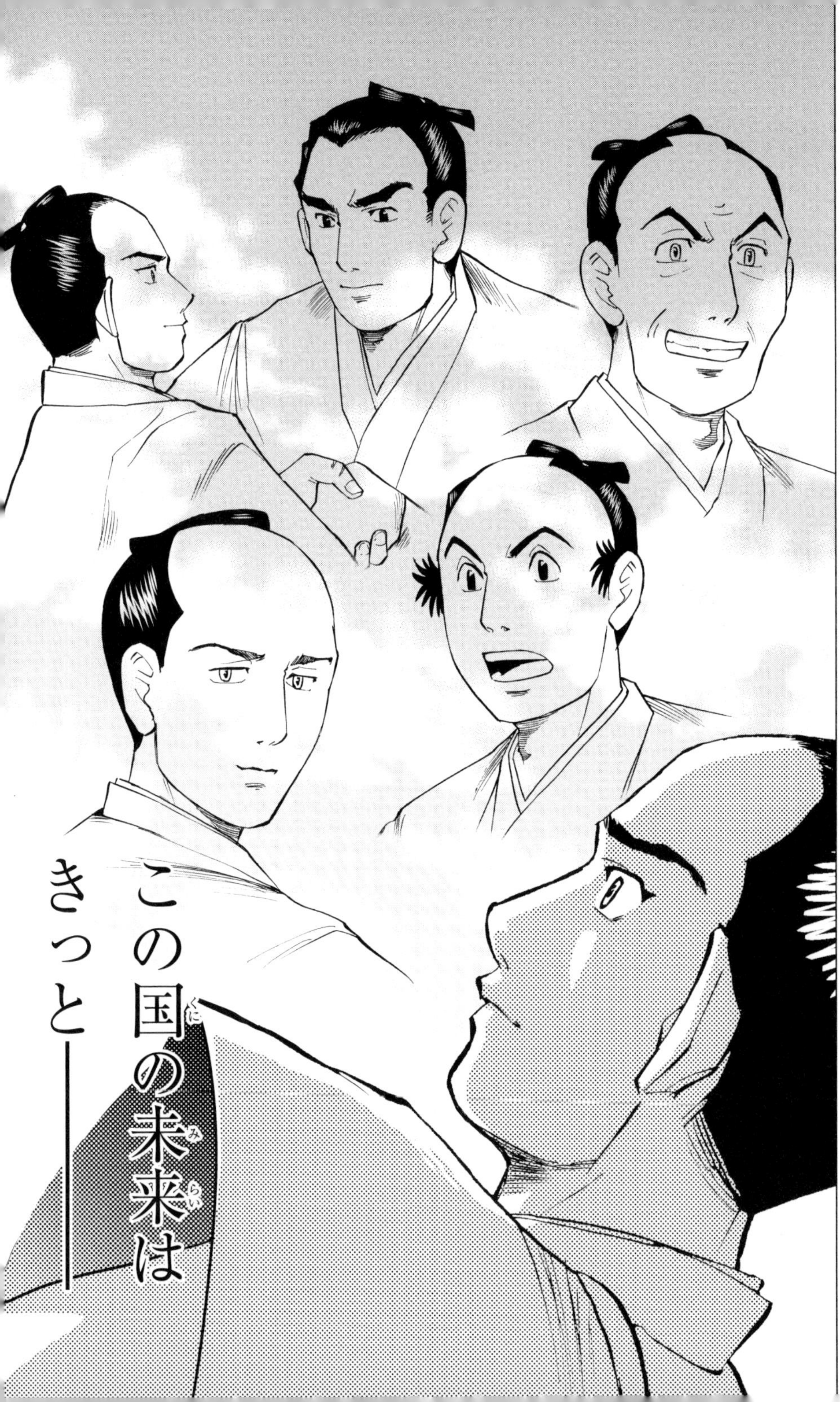
この国《くに》の未来《みらい》は
きっと――

すっ
よろしい
安政《あんせい》六（1859）年《ねん》十月七日《がつなのか》
左内《さない》は刑死《けいし》した 享年《きょうねん》わずか二十六――
突然《とつぜん》の沙汰《さた》に 春嶽《しゅんがく》の助命嘆願《じょめいたんがん》は
幕府《ばくふ》には届《とど》かず―― 純白《じゅんぱく》の裃《かみしも》を
左内《さない》に届《とど》けるのが精一杯《せいいっぱい》であった

安政《あんせい》七（1860）年《ねん》三月《がつ》三日《みっか》
水戸《みと》浪士《ろうし》を中心《ちゅうしん》とした一団《いちだん》が
大老《たいろう》・井伊直弼《いいなおすけ》を襲撃《しゅうげき》し 暗殺《あんさつ》した

浪士《ろうし》…主家《しゅか》をはなれた武士《ぶし》。牢人《ろうにん》。

この「桜田門外《さくらだもんがい》の変《へん》」以降《いこう》
幕府《ばくふ》は崩壊《ほうかい》への坂道《さかみち》を
転《ころ》がり落《お》ちてゆく

七年後《ねんご》——大政奉還《たいせいほうかん》が成《な》った
慶応三《けいおう》(1867)年《ねん》十一月《がつ》
坂本龍馬《さかもとりょうま》は三岡八郎《みつおかはちろう》(石五郎改《いしごろうあらた》め)を
訪《たず》ねて福井《ふくい》にやって来《き》た
そうか……
左内先生《さないせんせい》ちゅうお方《かた》は
まっこと偉《えら》いお人《ひと》じゃ
会《お》うてみたかったぜよ
「君《きみ》がため 捨《す》つる命《いのち》は
惜《お》しまねど 心《こころ》にかかる
国《くに》の行《ゆ》く末《すえ》」……
この約十日後《やくとおかご》に
龍馬《りょうま》は暗殺《あんさつ》されてしまう
同年《どうねん》——新政府《しんせいふ》が樹立《じゅりつ》されると
春嶽《しゅんがく》や西郷《さいごう》 三岡《みつおか》らは 左内《さない》の志《こころざし》を
受《う》け継《つ》いで 政府《せいふ》の原動力《げんどうりょく》となった

大政奉還《たいせいほうかん》…将軍《しょうぐん》が政治《せいじ》を行《おこな》う権利《けんり》を朝廷《ちょうてい》に返《かえ》すこと。

君《きみ》がため～…有名《ゆうめい》なこの和歌《わか》は左内《さない》のことを歌《うた》ったともいわれている。

それから さらに十年後《ねんご》の明治《めいじ》十（1877）年《ねん》
新政府《しんせいふ》に対《たい》する士族《しぞく》の不満《ふまん》が西南戦争《せいなんせんそう》へと発展《はってん》——
西郷隆盛《さいごうたかもり》は叛乱軍《はんらんぐん》を指揮《しき》して 皮肉《ひにく》にも
自分《じぶん》たちがつくりあげた新政府軍《しんせいふぐん》と戦《たたか》うはめになった
鹿児島《かごしま》・城山《しろやま》
しっかいしやったもんせ
（しっかりしてください）
……もう ここいらでよか

城山《しろやま》…現在《げんざい》の鹿児島県鹿児島市《かごしまけんかごしまし》にある山《やま》。西南戦争《せいなんせんそう》の最後《さいご》の激戦地《げきせんち》。

左内《さない》どん……
新《あたら》しか日本《にほん》が見《み》ゆっか？
たくさんの血《ち》が流《なが》れ申《もう》した
おはんが あん大獄《たいごく》を
生《い》き延《の》びておったらと思《おも》うと
返《かえ》す返《がえ》すも残念《ざんねん》でならん
……違《ちご》うた「他日《たじつ》」を
おはんと一緒《いっしょ》に
見《み》とうごわした
日本史上《にほんしじょう》 最後《さいご》の内戦《ないせん》は
西郷《さいごう》の自決《じけつ》で幕《まく》を閉《と》じた
その懐《ふところ》には 左内《さない》が生前《せいぜん》
西郷《さいごう》に宛《あ》てた手紙《てがみ》が大切《たいせつ》に
しまわれていたという

橋本《はしもと》左内《さない》を知《し》るための

基《き》礎《そ》知《ち》識《しき》

解説《かいせつ》

加来耕三《かくこうぞう》

気韻《きいん》のある学校《がっこう》を語《かた》ることは、話題《わだい》として緊張感《きんちょうかん》がともなう。ましてや関係者《かんけいしゃ》でなければ、どうにも気後《きおく》れするものだが、以下《いか》、本編《ほんぺん》の主人公《しゅじんこう》・橋本左内《はしもとさない》を語《かた》るためには、どうしてもそこから触《ふ》れていかねばならない。越前福井藩《えちぜんふくいはん》の藩校《はんこう》「明道館《めいどうかん》」のことである。

この藩校《はんこう》は江戸期《えどき》、とくに早々《はやばや》と登場《とうじょう》したものではない。むしろ城《じょう》内《ない》三の丸《まる》に創建《そうけん》されたのは、幕末《ばくまつ》も沸点《ふってん》の文久年間《ぶんきゅうねんかん》（一八六一～一八六四年《ねん》）を迎《むか》える少《すこ》し前《まえ》、ペリー来航《らいこう》から二年後《ねんご》、明治維新《めいじいしん》まで十三年《ねん》といった、嵐《あらし》の前《まえ》のほんのわずかな静寂《せいじゃく》の時期《じき》にあたった。

安政《あんせい》二（一八五五）年《ねん》三月《がつ》十五日《にち》のことである。

この藩校《はんこう》を創設《そうせつ》した福井藩《ふくいはん》は、徳川将軍家《とくがわしょうぐんけ》の連枝《れんし》・家門《かもん》(1)の家格《かかく》を誇《ほこ》る雄藩《ゆうはん》の一《ひと》つであった。

戦国《せんごく》の最《もっと》も華《はな》やかな時代《じだい》、この地《ち》は織田信長《おだのぶなが》の筆頭家老《ひっとうがろう》・柴田勝家《しばたかついえ》が領有《りょうゆう》していたこともあったが、その後《ご》、主人《しゅじん》を幾《いく》つか替《か》え、〝天下《てんか》

（1）家門《かもん》…徳川将軍家《とくがわしょうぐんけ》の親族《しんぞく》のうち、尾張《おわり》・紀伊《きい》・水戸《みと》の三家《さんけ》、田安《たやす》・一橋《ひとつばし》・清水《しみず》の三卿《さんきょう》をのぞく、越前松平《えちぜんまつだいら》家《け》・会津松平家《あいづまつだいらけ》のこと。

分《わ》け目《め》〟の関ケ原《せきがはら》の合戦《かっせん》ののち、天下人《てんかびと》となった徳川家康《とくがわいえやす》の次男《じなん》・松《まつ》平《だいら》（結城《ゆうき》）秀康《ひでやす》を初代藩主《しょだいはんしゅ》として立藩《りっぱん》(2)した。石高《こくだか》六十七万石《まんごく》。二代《だい》藩主《はんしゅ》で、秀康《ひでやす》の子《こ》でもあった忠直《ただなお》は、大坂《おおさか》の陣《じん》で大活躍《だいかつやく》し、武《ぶ》を尚《とうと》ぶ藩風《はんぷう》を天下《てんか》に知《し》らしめたといってよい。

が、その一方《いっぽう》で福井藩《ふくいはん》は以後《いご》、文運《ぶんうん》が振《ふ》るわず、他藩《たはん》に比《くら》べると学《がく》問《もん》を誇《ほこ》れる家柄《いえがら》とはいえなかった。歴代《れきだい》の藩主《はんしゅ》はこのことを気遣《きづか》い、いろいろ〝文《ぶん》〟を奨励《しょうれい》したものの、当時《とうじ》の学問《がくもん》の王道《おうどう》＝〝四書《ししょ》〟（大学《だいがく》(3)・中庸《ちゅうよう》(4)・論語《ろんご》(5)・孟子《もうし》(6)）の文義《ぶんぎ》を略解《りゃっかい》(7)できる者《もの》は、幕末《ばくまつ》に近付《ちかづ》いてなお、この藩《はん》にあってはまれでしかなかった。

「このままではいかん」

十三代藩主《だいはんしゅ》・松平治好《まつだいらはるよし》の治世《ちせい》、文政《ぶんせい》二（一八一九）年《ねん》九月《がつ》に、城《じょう》下《か》・桜馬場《さくらばば》（現《げん》・福井県福井市手寄《ふくいけんふくいしてよせ》）に「正義堂《せいぎどう》」と称《しょう》する学問所《がくもんしょ》が建設《けんせつ》されたが、とても他藩《たはん》の藩校《はんこう》と肩《かた》を並《なら》べるだけの学府《がくふ》とはならず、〝家塾《かじゅく》〟のレベルを超《こ》えるものではなかった。

否《いな》、それどころではなかった、というのが藩庁《はんちょう》の本音《ほんね》であったかもし

(2)立藩《りっぱん》…藩《はん》を起《お》こすこと。

(3)大学《だいがく》…中国《ちゅうごく》の儒教《じゅきょう》の経典《きょうてん》の一《ひと》つ。

(4)中庸《ちゅうよう》…中国《ちゅうごく》の戦国時代《せんごくじだい》の哲《てつ》学書《がくしょ》。

(5)論語《ろんご》…中国《ちゅうごく》の春秋時代《しゅんじゅうじだい》の思《し》想家《そうか》・孔子《こうし》と、その弟子《でし》たちの言葉《ことば》と行《おこな》いを記《しる》した書《しょ》物《もつ》。

(6)孟子《もうし》…中国《ちゅうごく》の戦国時代《せんごくじだい》の思《し》想家《そうか》・孟子《もうし》の言葉《ことば》や行《おこな》い、思想《しそう》を記《しる》した書物《しょもつ》。

(7)略解《りゃっかい》…要点《ようてん》だけを解《と》き明《あ》かすこと。

れない。なにしろ福井藩《ふくいはん》はこの頃《ころ》、借金《しゃっきん》をする方法《ほうほう》すら万策《ばんさく》つき、毎年《まいとし》二万《まん》六千両《せんりょう》ほどの赤字《あかじ》を出《だ》し、人口《じんこう》は激減《げきげん》、産業《さんぎょう》は荒廃《こうはい》して、規律《きりつ》は紊乱《ぶんらん》(8)の極《きわ》みに達《たっ》していた。すべての解決《かいけつ》は、幕末屈指《ばくまつくっし》の〝名君《めいくん》〟・松平慶永《まつだいらよしなが》（号《ごう》して春嶽《しゅんがく》）の登場《とうじょう》を待《ま》たねばならなかった。

この人物《じんぶつ》は将軍家《しょうぐんけ》の家族《かぞく》〝御三卿《ごさんきょう》〟の一《いっ》・田安家《たやすけ》から、十一歳《さい》で襲爵《しゅうしゃく》(9)したのだが、慶永《よしなが》はまず、財政破綻《ざいせいはたん》した藩政《はんせい》を再建《さいけん》しなければならず、その分《ぶん》、藩士《はんし》の教育《きょういく》は後手《ごて》にまわってしまう。が、財政再建《ざいせいさいけん》の途上《とじょう》であっても、急《いそ》ぎ藩校《はんこう》を創設《そうせつ》しなければならない喫緊《きっきん》(10)な事態《じたい》が出来《しゅったい》した。黒船《くろふね》の来航《らいこう》である。

このおりの、藩主慶永《はんしゅよしなが》の心中《しんちゅう》の恐《おそ》れ、おののきは、おそらく本人《ほんにん》以外《いがい》には真《しん》に、理解《りかい》できなかったであろう。

「ペリーの申《もう》し出《で》を拒絶《きょぜつ》せねばならぬ」

慶永《よしなが》は上書《じょうしょ》(11)で述《の》べたが、彼《かれ》が最《もっと》も恐《おそ》れたのは、ペリーの進《すす》んだ軍事力《ぐんじりょく》に幕府《ばくふ》が膝《ひざ》を折《お》り、求《もと》められるままに開国《かいこく》を受諾《じゅだく》した場合《ばあい》の、諸大名《しょだいみょう》の反応《はんのう》と動揺《どうよう》――とくに諸侯《しょこう》の背叛《はいはん》を招《まね》く懸念《けねん》であり、英邁《えいまい》な慶永《よしなが》

(8)紊乱《ぶんらん》…乱《みだ》れること。乱《みだ》すこと。

(9)襲爵《しゅうしゃく》…爵位《しゃくい》を受《う》け継《つ》ぐこと。ここでは、越前松平家《えちぜんまつだいらけ》の当主《とうしゅ》の座《ざ》につくこと。

(10)喫緊《きっきん》…差《さ》し迫《せま》っていて大切《たいせつ》なこと。

(11)上書《じょうしょ》…目上《めうえ》の人《ひと》や官庁《かんちょう》などに意見書《いけんしょ》を差《さ》し出《だ》すこと。またはその文書《ぶんしょ》。

は親藩家門《しんぱんかもん》として、何《なに》よりもそのことを恐《おそ》れたのである。

室町末期《むろまちまっき》の足利将軍家《あしかがしょうぐんけ》のように、徳川《とくがわ》もなるのではあるまいか、と。

のちに、「明道館《めいどうかん》」の進展《しんてん》と争《あらそ》うように起《お》きる将軍継嗣問題《しょうぐんけいしもんだい》も、慶《よし》永《なが》にとってはつまるところ、諸侯《しょこう》を統御《とうぎょ》し、幕府《ばくふ》の主体性《しゅたいせい》を守《まも》り、将《しょう》軍《ぐん》の伝統的《でんとうてき》な集権権力《しゅうけんけんりょく》を再強化《さいきょうか》し、徳川家《とくがわけ》の安泰《あんたい》を永続化《えいぞくか》させること以外《いがい》の何《なに》ものでもなかった。彼《かれ》はその具体策《ぐたいさく》を考《かんが》えてくれる人材《じんざい》――学問《がくもん》と政治《せいじ》とが一体《いったい》になって、「人才《じんざい》を生育《せいいく》し政事《せいじ》の有用《ゆうよう》に用《もち》ひ」ることに、学校《がっこう》の目的《もくてき》を置《お》いていた。

このことは、建学《けんがく》の趣意書《しゅいしょ》(12)にも明《あき》らかであったが、この根本《こんぽん》がそもそもほかの藩校《はんこう》と「明道館《めいどうかん》」は異《こと》なっていた。

換言《かんげん》すれば、国難《こくなん》を乗《の》り切《き》る具体策《ぐたいさく》を考《かんが》え、それを実行《じっこう》する人材《じんざい》が福井藩《ふくいはん》では求《もと》められたのだ。

だが、この慶永《よしなが》の必至《ひっし》の思《おも》いは、なかなか形《かたち》にならなかった。

無理《むり》もない。従来《じゅうらい》の藩政《はんせい》は、〝武《ぶ》〟にかたよりすぎた弊《へい》(13)があり、これをまず、〝文《ぶん》〟を尊《とうと》ぶ方向《ほうこう》へむけねばならない。しかもこの転換《てんかん》は、

(12)趣意書《しゅいしょ》…物事《ものごと》をはじめる時《とき》の考《かんが》えや目的《もくてき》などを記《しる》した文書《ぶんしょ》。

(13)弊《へい》…習《なら》わしとなった悪《わる》さ。

同時進行《どうじしんこう》——ペリー来航《らいこう》から開戦《かいせん》ではなく、日米和親条約調印《にちべいわしんじょうやくちょういん》にいたった、政情《せいじょう》の展開《てんかい》に則《そく》したものでなければならなかった。

つまり、現実《げんじつ》に即《そく》した藩政《はんせい》の方向転換《ほうこうてんかん》を再検討《さいけんとう》し、〝文《ぶん》〟を顧《かえり》みることで新《あたら》しい〝武《ぶ》〟＝革新《かくしん》への方向《ほうこう》を導《みちび》き出《だ》すという、高次《こうじ》なレベルが求《もと》められた。名君慶永《めいくんよしなが》ですら、当初《とうしょ》の激《はげ》しい攘夷論《じょういろん》から開国論《かいこくろん》へと転化《てんか》している。その彼《かれ》が、自《みずか》らの経験《けいけん》してきた動乱期《どうらんき》の歩《あゆ》みを反省《はんせい》し、これから進《すす》むべき道《みち》を助言《じょげん》してくれ、具体的《ぐたいてき》に助《たす》けてくれる人材《じんざい》の育《いく》成《せい》を「明道館《めいどうかん》」に求《もと》めたのだ。

いわばこの藩校《はんこう》は、福井藩《ふくいはん》の命運《めいうん》を担《にな》い、ひいては幕末日本《ばくまつにほん》の進《すす》むべき道《みち》を示《しめ》す使命《しめい》を帯《お》びていたことになる。

本多修理《ほんだしゅり》・鈴木主税《すずきちから》・中根雪江《なかねゆきえ》（靭負《ゆきえ》）など、藩《はん》の革新政治《かくしんせいじ》をつかさどる人々《ひとびと》によって開校《かいこう》した「明道館《めいどうかん》」は、文武不岐《ぶんぶふき》・忠孝鼓吹《ちゅうこうこすい》(14)の旗印《はたじるし》のもと、十五歳以上《さいいじょう》の藩士《はんし》の子弟《してい》を中心《ちゅうしん》に、その数《かず》一千《せん》八百《びゃく》七名《めい》をもってスタートした。

ところが、である。安政《あんせい》三（一八五六）年《ねん》三月《がつ》、慶永《よしなが》が帰国《きこく》して

(14)忠孝鼓吹《ちゅうこうこすい》…忠義《ちゅうぎ》や孝行《こうこう》を重《おも》んじることを主張《しゅちょう》し、広《ひろ》く賛同《さんどう》を得《え》ようとすること。

みると、期待《きたい》の藩校《はんこう》はいたずらに国是《こくぜ》をめぐって喧嘩《けんか》をする場《ば》となっていた。彼《かれ》らを大《おお》きな世界《せかい》へ導《みちび》く、〝師《し》〟がいなかったのである。

中根《なかね》は江戸《えど》に在府《ざいふ》し、不在《ふざい》。教務《きょうむ》を託《たく》された鈴木《すずき》は、この年《とし》の二月《がつ》に病没《びょうぼつ》している。中枢《ちゅうすう》となるべき人物《じんぶつ》を欠《か》いたため、「明道館《めいどうかん》」は藩《はん》内重臣層《ないじゅうしんそう》の、旧弊固陋《きゅうへいころう》(15)の派閥争《はばつあらそ》いの場《ば》ともなっていた。

このままでは、国運《こくうん》を担《にな》う人材《じんざい》など生《う》まれようがない。危急存亡《ききゅうそんぼう》の秋《とき》(16)である。さて、どうしたものか、というこの最悪《さいあく》のタイミングで、衆望《しゅうぼう》(17)を担《にな》って召喚《しょうかん》されたのが、弱冠《じゃっかん》二十三歳《さい》の橋本左内《はしもとさない》であった。

眉目秀麗《びもくしゅうれい》ながら、撫《な》で肩《がた》で五尺《しゃく》(約百《やくひゃく》五十センチ)そこそこの小軀《しょうく》(18)――天保《てんぽう》五(一八三四)年《ねん》三月《がつ》十一日《にち》、城下《じょうか》を流《なが》れる足羽川《あすわがわ》の北方《ほっぽう》、常盤町《ときわまち》(現《げん》・福井県福井市春山《ふくいけんふくいしはるやま》)に、左内《さない》は生《う》まれている。

左内《さない》は通称《つうしょう》、名《な》は綱紀《つなのり》。字《あざな》(19)は伯綱《みちつな》・弘道《こうどう》、号《ごう》を景岳《けいがく》と称《しょう》した。

藩医《はんい》の長男《ちょうなん》でありながら、途中《とちゅう》、蘭学《らんがく》を広《ひろ》く修《おさ》め、その視野《しや》は世《せ》界《かい》に向《む》けられていた。

累代《るいだい》の藩医《はんい》の職《しょく》を弟《おとうと》に任《まか》せ、学問三昧《がくもんざんまい》の生活《せいかつ》に入《はい》っても、藩《はん》でそれ

(15)旧弊固陋《きゅうへいころう》…古《ふる》い習慣《しゅうかん》や考《かんが》えにとらわれ、新《あたら》しいものを好《この》まないこと。
(16)危急存亡《ききゅうそんぼう》の秋《とき》…危機《きき》が迫《せま》って、生《い》き残《のこ》るか滅《ほろ》びてしまうかという瀬戸際《せとぎわ》。
(17)衆望《しゅうぼう》…多《おお》くの人々《ひとびと》から寄《よ》せられている期待《きたい》や信頼《しんらい》。
(18)小駆《しょうく》…小柄《こがら》な体《からだ》。
(19)字《あざな》…本名以外《ほんみょういがい》の別名《べつめい》。

を非難《ひなん》する者《もの》はいなかった。学問《がくもん》のできが、際立《きわだ》っていた。食膳《しょくぜん》についても書物《しょもつ》を放《はな》さず、友人《ゆうじん》と勉強《べんきょう》をともにすれば、夜半《やはん》に及《およ》んだ。

なにより十五歳《さい》のおり、自《みずか》らへの戒《いまし》めとして彼《かれ》が書《か》いた『啓発録《けいはつろく》』の内容《ないよう》の見事《みごと》さは、人々《ひとびと》をして驚嘆《きょうたん》せしめた。

なにしろこの書《しょ》は、二十一世紀《せいき》の今《いま》も読《よ》み継《つ》がれている。

年齢《ねんれい》が若《わか》すぎる、という以外《いがい》、左内《さない》には非《ひ》の打《う》ち所《どころ》がなかったろう。

緒方洪庵《おがたこうあん》の適々斎塾《てきてきさいじゅく》（通称《つうしょう》・適塾《てきじゅく》）に学《まな》び、オランダ語《ご》、英語《えいご》、ドイツ語《ご》を理解《りかい》し、彼《かれ》は世界《せかい》の情勢《じょうせい》にも精通《せいつう》していた。

安政《あんせい》三（一八五六）年《ねん》六月十四日《がつじゅうよっか》、江戸《えど》から福井《ふくい》に帰着《きちゃく》した左内《さない》は、七月《がつ》十七日《にち》、明道館講究師同様《めいどうかんこうきゅうしどうよう》の心得《こころえ》をもって、蘭学掛《らんがくがかり》も兼《か》ね、九月《がつ》には明道館幹事《めいどうかんかんじ》[20]とともに側役支配《そばやくしはい》を兼任《けんにん》。翌年正月《よくねんしょうがつ》十五日《にち》には、明道館学監同様心得《めいどうかんがっかんどうようこころえ》を命《めい》じられている。「明道館《めいどうかん》」の命運《めいうん》すなわち福《ふく》井藩《いはん》の舵取《かじと》りはこの時《とき》、二十四歳《さい》の若者《わかもの》に託《たく》されたことになる。

左内《さない》は一世風靡《いっせいふうび》していた水戸学《みとがく》の藤田東湖《ふじたとうこ》から、実学《じつがく》[21]の横井小楠《よこいしょうなん》に学《まな》び、慷慨悲憤《こうがいひふん》[22]の攘夷論《じょういろん》から、実践《じっせん》を重《おも》んじ天下《てんか》の政治《せいじ》に資《し》するもの

(20)幹事《かんじ》…業務《ぎょうむ》を担当《たんとう》する役《やく》。

(21)実学《じつがく》…理論《りろん》よりも実生活《じっせいかつ》の役《やく》に立《た》つことを重《おも》んじた学問《がくもん》。

(22)慷慨悲憤《こうがいひふん》…世《よ》の中《なか》の不条理《ふじょうり》や運命《うんめい》などについて、憤《いきどお》り、嘆《なげ》き悲《かな》しむこと。

の育成《いくせい》、「実功実益《じっこうじつえき》」「経済有用《けいざいゆうよう》」「実用《じつよう》を専《もっぱ》らにす」といわれた具体《ぐたい》的方向《てきほうこう》を、すぐさま確立《かくりつ》してみせた。

やがて、洋書習学所《ようしょしゅうがくじょ》・算科局《さんかきょく》が設立《せつりつ》される。

変革期《へんかくき》は待《ま》ったなしである。学問《がくもん》がただちに政治《せいじ》へ結《むす》びつき、それに行動《こうどう》がともなわなければ、動乱《どうらん》の時代《じだい》を生《い》き残《のこ》ることはできない。

左内《さない》は右顧左眄《うこさべん》(23)することなく、西洋《せいよう》の技術《ぎじゅつ》を導入《どうにゅう》することを「我義《われぎ》理純明之学《りじゅんめいのがく》を補助《ほじょ》」することにある、と断《だん》じた。

〝尊皇攘夷《そんのうじょうい》〟をするためには、まず西洋《せいよう》の先進《せんしん》の技術《ぎじゅつ》を学《まな》ばねばならないが、それは海防《かいぼう》のためであり、その役割《やくわり》から一歩《いっぽ》も出《で》るものではない、と彼《かれ》は言《い》う。「仁義之道《じんぎのみち》、忠孝之教《ちゅうこうのおしえ》は吾《われ》より聞《き》き、器技之工《ききのたくみ》、芸術之精《げいじゅつのくわしい》は、彼《かれ》より取《と》り候様《そうろうよう》に仕掛《しか》け候《そうろう》」＝佐久間象山《さくましょうざん》の言《い》う「東《とう》(24)洋道徳《ようどうとく》　西洋芸術《せいようげいじゅつ》」であった。

それまで漠然《ばくぜん》と「明道館《めいどうかん》」で学《まな》んでいた人々《ひとびと》は、左内《さない》の出現《しゅつげん》によって、時代《じだい》の要請《ようせい》に応《こた》え、藩《はん》――その向《む》こうにある日本全体《にほんぜんたい》――の多難《たなん》な課《か》題《だい》を解決《かいけつ》すべき人材《じんざい》となることを、自《みずか》らの目的《もくてき》とするようになる。

(23)右顧左眄《うこさべん》…周囲《しゅうい》の様子《ようす》や思《おも》惑《わく》を気《き》にして、決断《けつだん》できず迷《まよ》うこと。

(24)東洋道徳《とうようどうとく》　西洋芸術《せいようげいじゅつ》…道徳《どうとく》や社会《しゃかい》の体制《たいせい》などは伝統《でんとう》を守《まも》りつつ、科学技術《かがくぎじゅつ》の面《めん》では西洋《せいよう》のものを積極的《せっきょくてき》に取《と》り入《い》れようとする思想《しそう》。

視野《しや》は一藩《ぱん》に制限《せいげん》されることなく、国内外《こくないがい》の情勢《じょうせい》への洞察力《どうさつりょく》が求《もと》められ、深刻化《しんこくか》する幕末日本《ばくまつにほん》のまさに今《いま》、直面《ちょくめん》する課題《かだい》と対決《たいけつ》するために「明道館《めいどうかん》」は生《う》まれ変《か》わった。藩内《はんない》に清新《せいしん》の気《き》が満《み》ち溢《あふ》れるようになる。また、好学心《こうがくしん》は身分《みぶん》を超《こ》え、藩内《はんない》の隅々《すみずみ》まで広《ひろ》がっていく。

「行々国事《ぎょうぎょうこくじ》の相談《そうだん》も出来《でき》、経済《けいざい》之《の》学《がく》に進《すす》み候様《そうろうよう》篤志《とくし》(25)之者《のもの》と相議《あいぎ》し、諸藩処置《しょはんしょち》に及《およ》ぶべく候《そうろう》」（「明道館《めいどうかん》に関《かん》する諸布令《しょふれ》(26)」）

慶永《よしなが》は左内《さない》の方針《ほうしん》を肯定《こうてい》し、賛助《さんじょ》し、その成果《せいか》をもって将軍継嗣運動《しょうぐんけいしうんどう》へ左内《さない》を投入《とうにゅう》する決意《けつい》を固《かた》めた。安政《あんせい》四（一八五七）年《ねん》八月《がつ》、三度目《どめ》の上府《じょうふ》(27)から、慶永《よしなが》の侍読兼御内用掛《じとうけんごないようがかり》として帷幕《いばく》(28)に参《さん》じた左内《さない》は、これからわずか一年半《ねんはん》に満《み》たない政治活動《せいじかつどう》のあと、それに殉《じゅん》じるように安政《あんせい》の大獄《たいごく》で刑死《けいし》する。安政《あんせい》六（一八五九）年《ねん》十月七日《がつなのか》、享年《きょうねん》は二十六であった。

しかし左内《さない》は、自《みず》らの行動《こうどう》が俯仰天地《ふぎょうてんち》(29)に愧《は》ずるものではないことを確信《かくしん》していた。獄中《ごくちゅう》で彼《かれ》が詩作《しさく》したもののなかに、「昨夜城中霜始《さくやじょうちゅうしもはじ》メテ隕《お》ツ」に続《つづ》いて、

(25)篤志《とくし》…志《こころざし》のあついこと。
(26)諸布令《しょふれ》…多《おお》くの命令《めいれい》。
(27)上府《じょうふ》…江戸《えど》へ向《む》かうこと。出府《しゅっぷ》。
(28)帷幕《いばく》…計画《けいかく》を練《ね》るところ。
(29)俯仰天地《ふぎょうてんち》に愧《は》じず…自分《じぶん》の言動《げんどう》にやましいところがなく、何《なに》に対《たい》しても恥《は》じることがないという意味《いみ》。

「誰《たれ》カ知《し》ル松柏《しょうはく》凋《しぼ》ムニ後《おく》ルルノ心《こころ》」

というのがあった（原漢文《げんかんぶん》）。

これは孔子《こうし》の『論語《ろんご》』にある、「歳《とし》寒《さむ》くして、然《しか》る後《のち》に松柏《しょうはく》の凋《しぼ》むに後《おく》るるを知《し》る」を念頭《ねんとう》に置《お》いたものであろう。

文意《ぶんい》はわかりやすい。冬《ふゆ》になってはじめて、松《まつ》や柏《かしわ》がいかに強《つよ》く緑《みどり》を保《たも》っていたかがわかる。人間《にんげん》もまた、大事《だいじ》に遭遇《そうぐう》してはじめて、その人《ひと》の真価《しんか》があらわれるものだ。「凋《しぼ》むに後《おく》る」は凋《しぼ》まぬことをいう。

なるほど将軍継嗣《しょうぐんけいし》問題《もんだい》に、慶永《よしなが》・左内《さない》主従《しゅじゅう》は敗《やぶ》れたかもしれない。左内《さない》は獄中《ごくちゅう》に死《し》んだ。だが、左内《さない》に援《たす》けられた慶永《よしなが》はその後《ご》、幕末《ばくまつ》の政局《せいきょく》に返《かえ》り咲《ざ》き、「明道館《めいどうかん》」に学《まな》んだ人々《ひとびと》に支《ささ》えられながら、明治維《めいじい》新《しん》の中庸《ちゅうよう》(30)を担《にな》い続《つづ》けている。

左内《さない》が必死《ひっし》に求《もと》めた日本《にほん》の独立《どくりつ》は、まがりなりにも明治維新《めいじいしん》に結実《けつじつ》することに成功《せいこう》した。その心中《しんちゅう》はさぞ、満足《まんぞく》なものであったろう。

藩校《はんこう》は形《かたち》を変《か》え、橋本左内《はしもとさない》の志《こころざし》を担《にな》って、今《いま》に存続《そんぞく》している。

(30)中庸《ちゅうよう》…かたよらず、過不足《かぶそく》がないこと。

豆知識《まめちしき》①

左内《さない》十五歳《さい》の著書《ちょしょ》『啓発録《けいはつろく》』の教《おし》えとは!?

幕末《ばくまつ》、国事《こくじ》に奔走《ほんそう》した橋本左内《はしもとさない》は、わずか二十六歳《さい》で志半《こころざしなか》ばに命《いのち》を落《お》とした。

にもかかわらず、彼《かれ》が今日《こんにち》まで広《ひろ》く人々《ひとびと》に敬愛《けいあい》されている理由《りゆう》の一《ひと》つは、その清《きよ》らかで崇高《すうこう》な志《こころざし》ゆえであろう。

その志《こころざし》は、左内《さない》が十五歳《さい》の時《とき》に記《しる》した『啓発録《けいはつろく》』にまとまっており、彼《かれ》の生《い》き方《かた》そのものである。

一、稚心《ちしん》を去《さ》る

稚心《ちしん》とは、子《こ》どもじみた心《こころ》のことである。立派《りっぱ》な武士《ぶし》になるためには、第《だい》一に稚心《ちしん》を去《さ》らなくてはならない。

二、気《き》を振《ふる》う

気《き》とは、人《ひと》に負《ま》けまいと思《おも》う心《こころ》と、負《ま》けることを恥《は》ずかしいと知《し》り、悔《くや》しいと思《おも》うことである。常《つね》にそうした心《こころ》を持《も》って、その精神《せいしん》を振《ふる》い立《た》て、振《ふる》い起《お》こし、絶《た》えず緊張《きんちょう》を緩《ゆる》めず油断《ゆだん》のないように努力《どりょく》しなくてはいけない。

三、志《こころざし》を立《た》てる

志《こころざし》とは、自分《じぶん》の心《こころ》の向《む》かうところに突《つ》き進《すす》んでいくことである。一度《いちど》決心《けっしん》したあとには、まっすぐにその方向《ほうこう》を目指《めざ》し、絶《た》えずその決心《けっしん》を失《うしな》わないように努力《どりょく》しなくてはいけない。

四、学《がく》に勉《つと》む

学《がく》とはならうということである。先人《せんじん》の優《すぐ》れた行《おこな》いを見習《みなら》い、自《みずか》らもそれを実《じっ》行《こう》しなくてはいけない。

五、交友《こうゆう》を択《えら》ぶ

交友《こうゆう》とは自分《じぶん》が交際《こうさい》する友人《ゆうじん》のことである。なかでも大切《たいせつ》なのは、自分《じぶん》の悪《わる》いところを遠慮《えんりょ》なく指摘《してき》してくれる益友《えきゆう》である。益友《えきゆう》ほど得《え》がたいものはなく、何《なに》をおいても大切《たいせつ》にしなくてはいけない。

左内《さない》の理想《りそう》はどこまでも気高《けだか》く、『啓《けい》発録《はつろく》』を改《あらた》めて読《よ》んだ際《さい》に「十年前《ねんまえ》の私《わたし》はこのように高《たか》い志《こころざし》を持《も》っていたのに、今《いま》ではこのあり様《さま》である」と嘆《なげ》いた。

左内《さない》の出身地《しゅっしんち》である福井県内《ふくいけんない》の中学校《ちゅうがっこう》では、左内《さない》を見習《みなら》い、中学校《ちゅうがっこう》二年生《ねんせい》（数《かぞ》えで十五歳《さい》）の時《とき》に、将来《しょうらい》に向《む》けた志《こころざし》を立《た》てる立志式《りっししき》が広《ひろ》く実施《じっし》されている。

豆知識《まめちしき》②

明治日本《めいじにほん》をつくった左内《さない》の弟《おとうと》たち

橋本左内《はしもとさない》には、明治《めいじ》に医学《いがく》の礎《いしずえ》を築《きず》くことになる、優秀《ゆうしゅう》な弟《おとうと》たちがいた。

ただ、左内《さない》の次弟《じてい》・綱三郎《つなさぶろう》は、安政《あんせい》二（一八五五）年《ねん》、左内《さない》が御書院番《ごしょいんばん》に任《にん》ぜられた時《とき》、代々藩医《だいだいはんい》を務《つと》めてきた家《いえ》を代《か》わりに継《つ》いでくれと左内《さない》に頼《たの》まれたが、

「私《わたし》は航海術《こうかいじゅつ》を修業《しゅぎょう》したいと思《おも》っておりますので、お断《ことわ》りいたします」

と述《の》べている。

この時《とき》、困《こま》った左内《さない》を助《たす》けたのが、末《まっ》弟《てい》の破魔五郎《はまごろう》であった。

「では、私《わたし》が医学《いがく》を修《おさ》め、橋本《はしもと》の家《いえ》を継《つ》ぎましょう」

と申《もう》し出《で》てくれたのだ。

ちなみに当時《とうじ》、左内《さない》二十二歳《さい》、綱三郎《つなさぶろう》十五歳《さい》、破魔五郎《はまごろう》十一歳《さい》であった。

その後《ご》、破魔五郎《はまごろう》は「綱常《つなつね》」と名乗《なの》って、長崎医学伝習所《ながさきいがくでんしゅうしょ》の教官《きょうかん》ポンペの弟子《でし》となり、ボードインのもとで蘭方医学《らんぽういがく》を学《まな》んだ。慶応《けいおう》三（一八六七）年《ねん》八月《がつ》には江戸《えど》に出《で》て、松本良順《まつもとりょうじゅん》の塾《じゅく》で学《まな》び、翌慶《よくけい》応《おう》四（一八六八）年《ねん》に会津征討《あいづせいとう》が始《はじ》まると、軍医《ぐんい》として従軍《じゅうぐん》している。

明治《めいじ》五（一八七二）年《ねん》、綱常《つなつね》は陸軍省《りくぐんしょう》よりドイツ留学《りゅうがく》を命《めい》ぜられ、外科《げか》をリンハルトに、内科《ないか》をゲルハルトに学《まな》び、帰《き》国《こく》。その後《ご》、明治《めいじ》十六（一八八三）年《ねん》には、大山巌陸軍卿《おおやまいわおりくぐんきょう》の随員《ずいいん》としてヨーロッパに渡《わた》り、万国赤十字条約加盟《ばんこくせきじゅうじじょうやくかめい》のために活躍《かつやく》した。明治《めいじ》十八（一八八五）年《ねん》に陸《りく》軍軍医総監《ぐんぐんいそうかん》、続《つづ》いて陸軍省医務局長《りくぐんしょういむきょくちょう》に任《にん》ぜられ、二年後《ねんご》、日本赤十字社病院《にほんせきじゅうじしゃびょういん》の初《しょ》代院長《だいいんちょう》となっている。

さらに綱常《つなつね》は、日本赤十字社病院《にほんせきじゅうじしゃびょういん》の院《いん》長《ちょう》を続《つづ》ける一方《いっぽう》、医学博士《いがくはくし》として、東大《とうだい》教授《きょうじゅ》も務《つと》めた。

日本赤十字社病院《にほんせきじゅうじしゃびょういん》は、東大病院《とうだいびょういん》にも先《さき》駆《が》けて、最新式《さいしんしき》の消毒設備《しょうどくせつび》を導入《どうにゅう》している。綱常《つなつね》は、日本医学《にほんいがく》の近代化《きんだいか》のためには、金銭《きんせん》を度外視《どがいし》する男《おとこ》でもあった。

病院長《びょういんちょう》として生涯《しょうがい》にわたって、救護員《きゅうごいん》の養成《ようせい》や赤十字活動《せきじゅうじかつどう》に尽力《じんりょく》した彼《かれ》は、明《めい》治《じ》四十二（一九〇九）年《ねん》、六十五歳《さい》でこの世《よ》を去《さ》っている。

蛇足《だそく》ながら、一度《いちど》は兄《あに》・左内《さない》の申《もう》し出《で》を断《ことわ》った次弟《じてい》の綱三郎《つなさぶろう》（綱維《つなこれ》）であったが、じつはその後《ご》、医師《いし》となり大阪鎮台《おおさかちんだい》病院《びょういん》の院長《いんちょう》になっていた。享年《きょうねん》は若《わか》く、三十八であった。

豆知識《まめちしき》③

左内《さない》が憧《あこが》れた英雄《えいゆう》・岳飛《がくひ》とは!?

橋本左内《はしもとさない》は生涯《しょうがい》、中国《ちゅうごく》・宋《そう》の英雄《えいゆう》岳飛《がくひ》に憧《あこが》れ続《つづ》けた。岳飛《がくひ》は『三国志《さんごくし》』の関羽《かんう》に比《くら》べれば、日本《にほん》では知名度《ちめいど》が低《ひく》いが、中国《ちゅうごく》では誰《だれ》もが知《し》る救国《きゅうこく》の英雄《えいゆう》である。

岳飛《がくひ》が活躍《かつやく》した十二世紀前半《せいきぜんはん》、宋《そう》は滅亡《めつぼう》の危機《きき》にあった。国内《こくない》では叛乱《はんらん》が多発《たはつ》し、北方《ほっぽう》からは遼《りょう》・金《きん》が侵略《しんりゃく》してきていた。この当時《とうじ》の国内《こくない》での叛乱《はんらん》をモチーフにした創作《そうさく》が、『水滸伝《すいこでん》』である。

岳飛《がくひ》は一一〇三年《ねん》、豪農《ごうのう》の子《こ》として生《う》まれたが、幼《おさな》くして父《ちち》を亡《な》くした。母《はは》は貧《まず》しい暮《く》らしのなかで岳飛《がくひ》を育《そだ》てるが、彼《かれ》の背中《せなか》に『尽忠報国《じんちゅうほうこく》』の彫《ほ》り物《もの》を刻《きざ》んで、父《ちち》の教《おし》えを叩《たた》き込《こ》む。

岳飛《がくひ》は学問《がくもん》に優《すぐ》れ、また、左右《さゆう》どちらの手《て》でも自在《じざい》に弓《ゆみ》を射《い》ることができる、文武両道《ぶんぶりょうどう》の若者《わかもの》に育《そだ》った。

岳飛《がくひ》が二十一歳《さい》の時《とき》、宋《そう》は金《きん》と戦《たたか》うための義勇軍《ぎゆうぐん》を募集《ぼしゅう》した。武《ぶ》を軽視《けいし》していた宋《そう》の官軍《かんぐん》は弱《よわ》く、義勇軍《ぎゆうぐん》に参加《さんか》した岳飛《がくひ》は、たちまち信望《しんぼう》を集《あつ》めて将軍《しょうぐん》となる。

当時《とうじ》、十万《まん》の大軍《たいぐん》で南下《なんか》する金《きん》に、宋《そう》の官軍《かんぐん》は連戦連敗《れんせんれんぱい》。皇帝《こうてい》である高宗《こうそう》は大陸《たいりく》を捨《す》てて、海《うみ》の上《うえ》に逃《のが》れるありさまであった。そんななかで岳飛《がくひ》の義勇軍《ぎゆうぐん》は奮戦《ふんせん》、金《きん》の大軍《たいぐん》を六度《ど》まで打《う》ち破《やぶ》る。

農民出身《のうみんしゅっしん》である岳飛《がくひ》は、軍隊《ぐんたい》は兵糧《ひょうろう》を現地調達《げんちちょうたつ》するのが常識《じょうしき》であった時代《じだい》に、兵《へい》たちに一切《いっさい》の略奪《りゃくだつ》を禁《きん》じ、民《たみ》からも篤《あつ》い信頼《しんらい》を得《え》る。岳飛《がくひ》の活躍《かつやく》に喜《よろこ》んだ高宗《こうそう》も、岳飛《がくひ》に『精忠岳飛《せいちゅうがくひ》』の軍旗《ぐんき》を与《あた》え、節度使《せつどし》（傭兵軍団《ようへいぐんだん》の総司令官《そうしれいかん》）に任《にん》ずる。

金《きん》に奪《うば》われた都《みやこ》・開封《かいほう》（現《げん》・中華人民共和国河南省開封市《ちゅうかじんみんきょうわこくかなんしょうかいほうし》）奪還《だっかん》まであと一歩《いっぽ》と迫《せま》った岳飛《がくひ》であったが、官僚《かんりょう》・秦檜《しんかい》の一派《いっぱ》が、その足《あし》を引《ひ》っ張《ぱ》り、さらに謀叛《むほん》の罪《つみ》を着《き》せられてしまった。

むろん、事実無根《じじつむこん》である。過酷《かこく》な拷問《ごうもん》に耐《た》えた岳飛《がくひ》であったが、自白《じはく》せぬ彼《かれ》に業《ごう》を煮《に》やした秦檜《しんかい》らによって、処刑《しょけい》されてしまう。三十九歳《さい》の若《わか》さであった。

のちに冤罪《えんざい》が晴《は》れると、岳飛《がくひ》は鄂王《がくおう》に追封《ついほう》され、中国《ちゅうごく》では関羽《かんう》と並《なら》び祀《まつ》られるようになる。

岳飛《がくひ》は、どうすれば天下《てんか》が泰平《たいへい》になるかと聞《き》かれ、次《つぎ》のように答《こた》えたという。

「文臣銭《ぶんしんぜに》を愛《あい》せず、武臣《ぶしん》死《し》を惜《お》しまずんば、平《たい》らかなり」

年表《ねんぴょう》

天保《てんぽう》五（1834）年《ねん》

三月《がつ》十一日《にち》、橋本左内《はしもとさない》、越前国《えちぜんのくに》（現《げん》・福井県北部《ふくいけんほくぶ》）福《ふく》井藩《いはん》の奥外科医《おくげかい》・橋本長綱《はしもとながつな》（通称《つうしょう》・彦也《げんや》）の長男《ちょうなん》として、福井城下常盤町《ふくいじょうかときわまち》（現《げん》・福井県福井市春山《ふくいけんふくいしはるやま》）に生《う》まれる。母《はは》は越前国坂井郡箕浦《えちぜんのくにさかいごおりみのうら》（現・福井県福井市蓑町《ふくいけんふくいしみのちょう》）の大行寺住職《だいぎょうじじゅうしょく》の娘《むすめ》・梅尾《うめお》。

天保《てんぽう》十一（1840）年《ねん》

この年《とし》、左内《さない》、漢学《かんがく》を藩医《はんい》・舟岡周斎《ふなおかしゅうさい》、妻木敬斎《つまきけいさい》、勝沢一順《かつざわいちじゅん》に、書《しょ》を藩《はん》の祐筆《ゆうひつ》・久保一郎右衛門《くぼいちろうえもん》、萩原左一《はぎわらさいち》、小林弥十郎《こばやしやじゅうろう》に学《まな》びはじめる。

天保《てんぽう》十二（1841）年《ねん》

四月《がつ》五日《いつか》、左内《さない》の長弟《ちょうてい》・綱維《つなこれ》が生《う》まれる。幼名《ようみょう》・綱三郎《つなさぶろう》。

この年《とし》、左内《さない》、藩《はん》の儒学者《じゅがくしゃ》・高野真斎《たかのしんさい》について学《まな》ぶ。

天保《てんぽう》十四（1843）年《ねん》

この年《とし》、左内《さない》、陳寿《ちんじゅ》の『三国志《さんごくし》』を読破《どくは》する。

弘化《こうか》二（1845）年《ねん》

六月《がつ》二十日《はつか》、左内《さない》の次弟《じてい》・綱常《つなつね》が生《う》まれる。幼名《ようみょう》・破魔五郎《はまごろう》。

この年《とし》、左内《さない》、剣術《けんじゅつ》を鰐淵幸広《わにぶちゆきひろ》、柔術《じゅうじゅつ》を久野猪兵衛《くのいへえ》のもとで修行《しゅぎょう》する。また、藩立《はんりつ》の医学所《いがくしょ》・済世館《さいせいかん》に入《はい》り漢方《かんぽう》の医術《いじゅつ》を学《まな》び、福井藩出身《ふくいはんしゅっしん》の儒学者《じゅがくしゃ》・吉田東篁《よしだとうこう》の私塾《しじゅく》へも入門《にゅうもん》（入門《にゅうもん》は嘉永元《かえいがん》〈1848〉年《ねん》とも）。中国《ちゅうごく》・宋《そう》の岳飛《がくひ》を理想《りそう》として、号《ごう》を景岳《けいがく》とする。

弘化三《こうか》（1846）年《ねん》

この年《とし》、左内《さない》、父《ちち》・彦也《げんや》（長綱《ながつな》）の診療《しんりょう》を手伝《てつだ》いはじめる。

嘉永元《かえいがん》（1848）年《ねん》

六月《がつ》、左内《さない》、元服《げんぷく》を迎《むか》え、心構《こころがま》えを示《しめ》した『啓発録《けいはつろく》』をあらわす（元服《げんぷく》にともない、綱紀《つなのり》を名乗《なの》る）。

嘉永二《かえい》（1849）年《ねん》

冬《ふゆ》、左内《さない》、大坂《おおさか》へ上《のぼ》り、緒方洪庵《おがたこうあん》の適々斎塾《てきてきさいじゅく》（通称《つうしょう》・適塾《てきじゅく》）に入門《にゅうもん》する。

この年《とし》、左内《さない》、福井藩《ふくいはん》十六代藩主《だいはんしゅ》・松平慶永《まつだいらよしなが》より成績《せいせき》優秀《ゆうしゅう》で褒賞《ほうしょう》される。

嘉永四《かえい》（1851）年《ねん》

五月頃《がつごろ》、左内《さない》、若狭国《わかさのくに》（現《げん》・福井県西部《ふくいけんせいぶ》）小浜藩出身《おばまはんしゅっしん》の尊攘志士《そんじょうしし》・梅田雲浜《うめだうんぴん》と出会《であ》う。また左内《さない》、肥後国《ひごのくに》（現《げん》・熊本県《くまもとけん》）熊本藩出身《くまもとはんしゅっしん》の学者《がくしゃ》・横井小楠《よこいしょうなん》と出会《であ》う。

この年《とし》、左内《さない》、藩《はん》からはじめて手当金《てあてきん》を支給《しきゅう》される。

嘉永五《かえい》（1852）年《ねん》

閏《うるう》二月一日《がつついたち》、左内《さない》、大坂《おおさか》より福井《ふくい》へ帰《かえ》る。
十月八日《がつようか》、左内《さない》の父《ちち》・彦也《げんや》が病死《びょうし》。享年《きょうねん》、四十八。
十一月《がつ》、左内《さない》、家督《かとく》を相続《そうぞく》し、二十五石《こく》五人扶持《にんぶち》・藩医《はんい》となる。

嘉永七《かえい》（1854）年《ねん》
※十一月《がつ》二十七日《にち》、安政《あんせい》へ改元《かいげん》

二月《がつ》二十二日《にち》、左内《さない》、江戸遊学《えどゆうがく》へと向《む》かう。
三月《がつ》、左内《さない》、江戸《えど》で蘭学者《らんがくしゃ》の坪井信良《つぼいしんりょう》と杉田成卿《すぎたせいけい》、儒《じゅ》学者《がくしゃ》の塩谷宕陰《しおのやとういん》にそれぞれ、入門《にゅうもん》する。
五月《がつ》、左内《さない》、蘭方医《らんぽうい》の戸塚静海《とづかせいかい》に入門《にゅうもん》する。
六月《がつ》、福井城下《ふくいじょうか》の塩町《しおまち》（現《げん》・福井県福井市照手《ふくいけんふくいしてるて》）から出火《しゅっか》した火事《かじ》で、二千《せん》五百戸《ひゃっこ》を焼失《しょうしつ》。左内《さない》の実家《じっか》にも類焼《るいしょう》が及《およ》ぶ。

安政二《あんせい》（1855）年《ねん》

六月十四日《がつじゅうよっか》、左内《さない》、水戸藩《みとはん》の儒学者《じゅがくしゃ》・藤田東湖《ふじたとうこ》より、海防《かいぼう》についての意見《いけん》を聞《き》く。
七月《がつ》二十八日頃《にちごろ》、左内《さない》、藩命《はんめい》により福井《ふくい》へ帰《かえ》る。
十月《がつ》、左内《さない》、藩医《はんい》の役《えき》を免《めん》ぜられ、書院番《しょいんばん》となる。
十一月《がつ》二十八日《にち》、左内《さない》、再《ふたた》び江戸《えど》へ上《のぼ》る。
十二月《がつ》二十七日《にち》、左内《さない》、薩摩藩《さつまはん》の西郷吉之助《さいごうきちのすけ》（隆盛《たかもり》）

と出会《であ》う。

安政《あんせい》三（1856）年《ねん》

二月十日《がつとおか》、左内《さない》の理解者《りかいしゃ》であった福井藩側締役《ふくいはんそばしまりやく》・鈴木《すずき》主税《ちから》、病死《びょうし》。享年《きょうねん》、四十三。主税《ちから》の病床《びょうしょう》にあって左内《さない》は、同《おな》じく藩医《はんい》の半井仲庵《なからいちゅうあん》と看病《かんびょう》した。
三月《がつ》十九日《にち》、左内《さない》、水戸藩士《みとはんし》・武田耕雲斎《たけだこううんさい》と会《あ》う。
五月九日《がつここのか》、左内《さない》、蝦夷地開発《えぞちかいはつ》のため、現地《げんち》行《い》きを志願《しがん》する。
六月十四日《がつじゅうよっか》、左内《さない》、福井《ふくい》へ帰《かえ》る。
七月《がつ》十七日《にち》、左内《さない》、藩校《はんこう》・明道館《めいどうかん》の講究師同様心得《こうきゅうしどうようこころえ》、蘭学掛《らんがくかかり》となる。
九月二十四日《がつにじゅうよっか》、左内《さない》、明道館《めいどうかん》の幹事兼側役支配《かんじけんそばやくしはい》となる。

安政《あんせい》四（1857）年《ねん》

正月《がつ》十五日《にち》、左内《さない》、明道館《めいどうかん》の学監同様心得《がっかんどうようこころえ》となる。
四月《がつ》十二日《にち》、左内《さない》の建議《けんぎ》により、明道館内《めいどうかんない》に洋書習学所《ようしょしゅうがくじょ》を設《もう》ける。
同月《どうげつ》十三日《にち》、弟《おとうと》・綱維《つなこれ》、明道館《めいどうかん》の兵科局詰《へいかきょくづめ》を命《めい》ぜられる。
五月《がつ》、左内《さない》、「制産《せいさん》」についての建議書《けんぎしょ》を起草《きそう》する。
閏《うるう》五月《がつ》十五日《にち》、左内《さない》、藩内学制《はんないがくせい》についての意見書《いけんしょ》を家《か》老《ろう》・松平主馬《まつだいらしゅめ》へ提出《ていしゅつ》する。

八月七日《がつなのか》、左内《さない》、江戸《えど》に向《む》け福井《ふくい》を発《た》つ。
同月《どうげつ》十一日《にち》、左内《さない》、尾張藩《おわりはん》十四代藩主《だいはんしゅ》・徳川慶勝《とくがわよしかつ》の側近《そっきん》・田宮弥太郎《たみややたろう》（如雲《じょうん》）と会談《かいだん》する。
同月二十日《どうげつはつか》、左内《さない》、江戸《えど》に着《つ》く。藩《はん》の侍読兼御内用掛《じとうけんごないようがかり》を命《めい》ぜられる。
同月《どうげつ》二十五日《にち》、左内《さない》、薩摩藩《さつまはん》の屋敷《やしき》へ出向《でむ》く。
この頃《ころ》、左内《さない》、一橋徳川家《ひとつばしとくがわけ》の家臣《かしん》・平岡円四郎《ひらおかえんしろう》とはじめて対面《たいめん》する。
九月《がつ》、藩《はん》の家老《かろう》・本多修理《ほんだしゅり》、藩主慶永《はんしゅよしなが》の側近《そっきん》・村田氏寿《むらたうじひさ》らが、藩政《はんせい》・藩《はん》の軍事《ぐんじ》・学制《がくせい》などについて、左内《さない》の意見《いけん》を求《もと》める。
十月七日《がつなのか》、左内《さない》、藩主慶永《はんしゅよしなが》・柳河藩《やながわはん》・土佐藩《とさはん》・川越藩《かわごえはん》・鳥取藩《とっとりはん》ら諸大名《しょだいみょう》の『大学《だいがく》』会読《かいどく》の侍講《じこう》を務《つと》める。
同月《どうげつ》、明道館《めいどうかん》に実学重視《じつがくじゅうし》の算科局《さんかきょく》が設置《せっち》される。
十一月《がつ》二十八日《にち》、左内《さない》、村田氏寿《むらたうじひさ》に、日露同盟論《にちろどうめいろん》・統一《とういつ》国家体制《こっかたいせい》を説《と》いた書状《しょじょう》を送《おく》る。
十二月九日《がつここのか》、左内《さない》、来訪《らいほう》した西郷吉之助《さいごうきちのすけ》に、大奥《おおおく》・堀田正睦《ほったまさよし》などに対《たい》する立《た》ち回《まわ》りの策《さく》を授《さず》ける。
同月十四日《どうげつじゅうよっか》、左内《さない》、西郷吉之助《さいごうきちのすけ》に、大奥《おおおく》・十三代将軍《だいしょうぐん》・徳川家定夫人《とくがわいえさだふじん》・篤姫《あつひめ》に対《たい》する立《た》ち回《まわ》りの策《さく》を授《さず》ける。

安政《あんせい》五（1858）年《ねん》

同月《どうげつ》十九日《にち》、左内《さない》、田宮弥太郎《たみややたろう》へ再《ふた》び、将軍継嗣問題《しょうぐんけいしもんだい》の斡旋《あっせん》を依頼《いらい》。

正月十四日《しょうがつじゅうよっか》、左内《さない》、藩主慶永《はんしゅよしなが》の直書《じきしょ》を持参《じさん》して川路聖《かわじとし》謨《あきら》を訪《たず》ね、将軍継嗣問題《しょうぐんけいしもんだい》について尽力《じんりょく》を依頼《いらい》する。

同月《どうげつ》二十五日《にち》、左内《さない》、藩《はん》から上京《じょうきょう》を命《めい》ぜられる。

同月《どうげつ》二十七日《にち》、左内《さない》、福井藩士《ふくいはんし》の横山猶蔵《よこやまゆうぞう》・溝口辰五《みぞぐちたつご》郎《ろう》（のちの加藤斌《かとうながば》）とともに上京《じょうきょう》（二月七日《がつなのか》、到着《とうちゃく》）。

二月九日《がつここのか》、左内《さない》、内大臣《ないだいじん》・三条実万《さんじょうさねつむ》を訪《たず》ねる。

同月《どうげつ》十五日頃《にちごろ》、左内《さない》、青蓮院宮家《しょうれんいんのみやけ》（通称《つうしょう》・中川宮《なかがわのみや》、のちの久邇宮家《くにのみやけ》）へ出入《でい》りしはじめる。

同月《どうげつ》二十日《はつか》、左内《さない》、川路聖謨《かわじとしあきら》と青蓮院宮朝彦親王《しょうれんいんのみやあさひこしんのう》の対面《たいめん》を仲立《なかだ》ちする。

三月《がつ》十三日《にち》、左内《さない》、越前国三国湊《えちぜんのくにみくにみなと》（現《げん》・福井県坂井市《ふくいけんさかいし》）出身《しゅっしん》の儒学者《じゅがくしゃ》・三国大学《みくにだいがく》の紹介《しょうかい》で、鷹司家《たかつかさけ》の諸大夫《しょだいぶ》（家来《らい》）・小林良典《こばやしよしすけ》と会《あ》う。

同月十四日《どうげつじゅうよっか》、左内《さない》、藩主慶永《はんしゅよしなが》の腹心《ふくしん》・中根雪江《なかねゆきえ》（靭負《ゆきえ》）に依頼《いらい》し、慶永《よしなが》より三国大学《みくにだいがく》を通《つう》じて〝太閤《たいこう》〟鷹司政通《たかつかさまさみち》へ、将軍継嗣問題《しょうぐんけいしもんだい》で一橋慶喜《ひとつばしよしのぶ》を推薦《すいせん》するよう要請《ようせい》した直《じき》書《しょ》を送《おく》ることを求《もと》める。

四月三日《がつみっか》、左内《さない》、横井小楠《よこいしょうなん》と会《あ》う。この日《ひ》、左内《さない》は江戸《えど》へ向《む》け京《きょう》を発《た》つ。
同月《どうげつ》十一日《にち》、左内《さない》、江戸《えど》へ着《つ》く。
同月《どうげつ》十八日《にち》、左内《さない》、藩《はん》の御側向頭取格《おそばむきとうどりかく》・御手許御用掛《おてもとごようがかり》となり、役料百《えきりょうひゃく》五十石《こく》を支給《しきゅう》される。
同月《どうげつ》二十三日《にち》、井伊直弼《いいなおすけ》、大老《たいろう》に就任《しゅうにん》する。
七月五日《がついつか》、藩主慶永《はんしゅよしなが》、幕府《ばくふ》から隠居謹慎《いんきょきんしん》の処分《しょぶん》を受《う》ける（以後《いご》、春嶽《しゅんがく》を号《ごう》する）。同日夜《どうじつよる》、左内《さない》、自決《じけつ》を考《かんが》えるも、慶永《よしなが》の親書《しんしょ》を受《う》け取《と》り、考《かんが》えを改《あらた》めたという。左《さ》内《ない》、長年《ながねん》の忠勤《ちゅうきん》の褒賞《ほうしょう》として、硯箱《すずりばこ》を賜《たまわ》る。
同月六日《どうげつむいか》、左内《さない》、春嶽附御用兼《しゅんがくつきごようけん》を拝命《はいめい》する（側向頭取《そばむきとうどり》兼任《けんにん》）。
八月十四日《がつじゅうよっか》、村田氏寿《むらたうじひさ》、孝明天皇《こうめいてんのう》（第百《だいひゃく》二十一代《だい》）が水戸藩《みとはん》に降《くだ》したとされる密勅《みっちょく》（戊午《ぼご》の密勅《みっちょく》）をもって、左内《さない》に大老《たいろう》・井伊直弼《いいなおすけ》の打倒《だとう》をすすめる。
同月《どうげつ》二十五日《にち》、西郷吉之助《さいごうきちのすけ》、江戸《えど》を発《た》つため、左内《さない》のもとを訪《たず》ねる。
九月九日《がつここのか》、村田氏寿《むらたうじひさ》・長谷部甚平《はせべじんぺい》、井伊《いい》を討《う》つため、先《さき》の密勅《みっちょく》による蜂起《ほうき》を、左内《さない》にすすめる。
十月《がつ》十三日《にち》、左内《さない》、春嶽附御用兼《しゅんがくつきごようけん》を免《めん》ぜられる。

安政《あんせい》六（1859）年《ねん》

同月《どうげつ》二十二日《にち》、幕吏《ばくり》（幕府《ばくふ》の役人《やくにん》）、福井藩《ふくいはん》江戸《えど》藩邸《はんてい》を捜索《そうさく》し、書類《しょるい》を押収《おうしゅう》し、左内《さない》に訊問《じんもん》を行《おこな》う。

同月《どうげつ》二十三日《にち》、左内《さない》、江戸《えど》北町《きたまち》奉行《ぶぎょう》・石谷穆清《いしがやあつきよ》に召喚《しょうかん》されて訊問《じんもん》を受《う》け、謹慎《きんしん》を命《めい》ぜられる（以後《いご》、訊問《じんもん》はくり返《かえ》し行《おこな》われた）。

六月《がつ》十五日《にち》、左内《さない》、金《きん》の高騰《こうとう》を見越《みこ》し、実家《じっか》へ小判《こばん》を貯蓄《ちょちく》すべきだと伝《つた》える。

十月二日《がつふつか》、左内《さない》、江戸伝馬町《えどてんまちょう》（現《げん》・東京都中央区小伝馬町《とうきょうとちゅうおうくこでんまちょう》）の牢屋敷《ろうやしき》に投獄《とうごく》される。

同月七日《どうげつなのか》、左内《さない》、牢屋敷刑場《ろうやしきけいじょう》にて斬首《ざんしゅ》となる。享年《きょうねん》、二十六。

参考文献《さんこうぶんけん》

橋本景岳先生の生涯―生誕150年記念図録　福井市立郷土歴史博物館編　福井市立郷土歴史博物館

橋本景岳全集（上・下巻）　景岳会編　歴史図書社

橋本左内　滋賀貞著　武蔵野書院

橋本左内　白崎昭一郎著　毎日新聞社

橋本左内　山口宗之著　吉川弘文館

講談社学術文庫　啓発録　橋本左内著　伴五十嗣朗訳　講談社

わかりやすいふくい歴史人物シリーズ①　橋本左内って知ってるかい？　福井市立郷土歴史博物館編　福井市立郷土歴史博物館

春山のほこり 橋本左内先生　春嶽公と左内先生の春山づくり委員会・春山地区自治会連合協議会・福井市春山公民館編　春嶽公と左内先生の春山づくり委員会・春山地区自治会連合協議会・福井市春山公民館

著者略歴

加来耕三：企画・構成・監修

歴史家・作家。1958年、大阪府大阪市生まれ。1981年、奈良大学文学部史学科卒業。主な著書に、『卑弥呼のサラダ 水戸黄門のラーメン 「食」から読みとく日本史』、『財閥を築いた男たち』、『徳川三代記』、『ifの日本史「もしも」で見えてくる、歴史の可能性』、『上杉謙信』、『直江兼続』（すべてポプラ社）、『歴史に学ぶ自己再生の理論』（論創社）、『刀の日本史』（講談社）などがあるほか、「コミック版 日本の歴史シリーズ」（ポプラ社）の企画・構成・監修やテレビ・ラジオ番組の監修・出演も少なくない。

東山成江：原作

SANAI PROJECT部会長。1970年、福井県福井市生まれ。1989年、福井県立藤島高等学校卒業。現在は名古屋大学大学院理学研究科で准教授を務める。出身高校の同窓会である第65回一般社団法人明新会通常総会（平成元年卒業生主催）の記念事業として、同校にゆかりのある橋本左内の志や偉業を次代を担う子どもたちに広く伝えるため、『SANAI PROJECT』を同級生たちとともに立ち上げる。

中島健志：作画

福岡県福岡市生まれ。九州産業大学卒業。1988年、『コミックアフタヌーン3月号』（講談社）にて漫画家デビュー。2011年より（株）クエスティオの役員を務める傍ら、児童向け科学実験集のイラストなどを手がける。主な作品に「コミック版 日本の歴史シリーズ」（ポプラ社）、『くまもとの歴史① 加藤清正と小西行長 前編』『くまもとの歴史② 加藤清正と小西行長 後編』（ともに熊本県教科書供給所）、電子書籍『短編作品集1戦国時代』『短編作品集2近代』（楽天Kobo、Kindle、iBooks）などがある。

コミック版 日本の歴史㊾

幕末・維新人物伝
橋本左内

2016年11月　第1刷
2024年2月　第7刷

企画・構成・監修　加来耕三《かくこうぞう》
原　　　作　東山《ひがしやま》 成江《なりえ》
作　　　画　中島《なかしま》 健志《たけし》

協　　　力　一般社団法人 明新会
取材協力　福井市立郷土歴史博物館 館長 角鹿尚計・福井あすわ歴史道場 会長 松下敬一
福井市春山公民館・橋本左内先生顕彰会・福井県護国神社
カバーデザイン　竹内亮輔＋梅田裕一〔crazy force〕

発　行　者　千葉 均
編　　　集　大塚訓章
発　行　所　株式会社ポプラ社
〒102-8519　東京都千代田区麹町4-2-6
URL　www.poplar.co.jp
印　刷　所　今井印刷株式会社
製　本　所　島田製本株式会社
電植製版　株式会社オノ・エーワン

ISBN978-4-591-15230-0 N.D.C.289 127p 22cm　Printed in Japan

P7047054

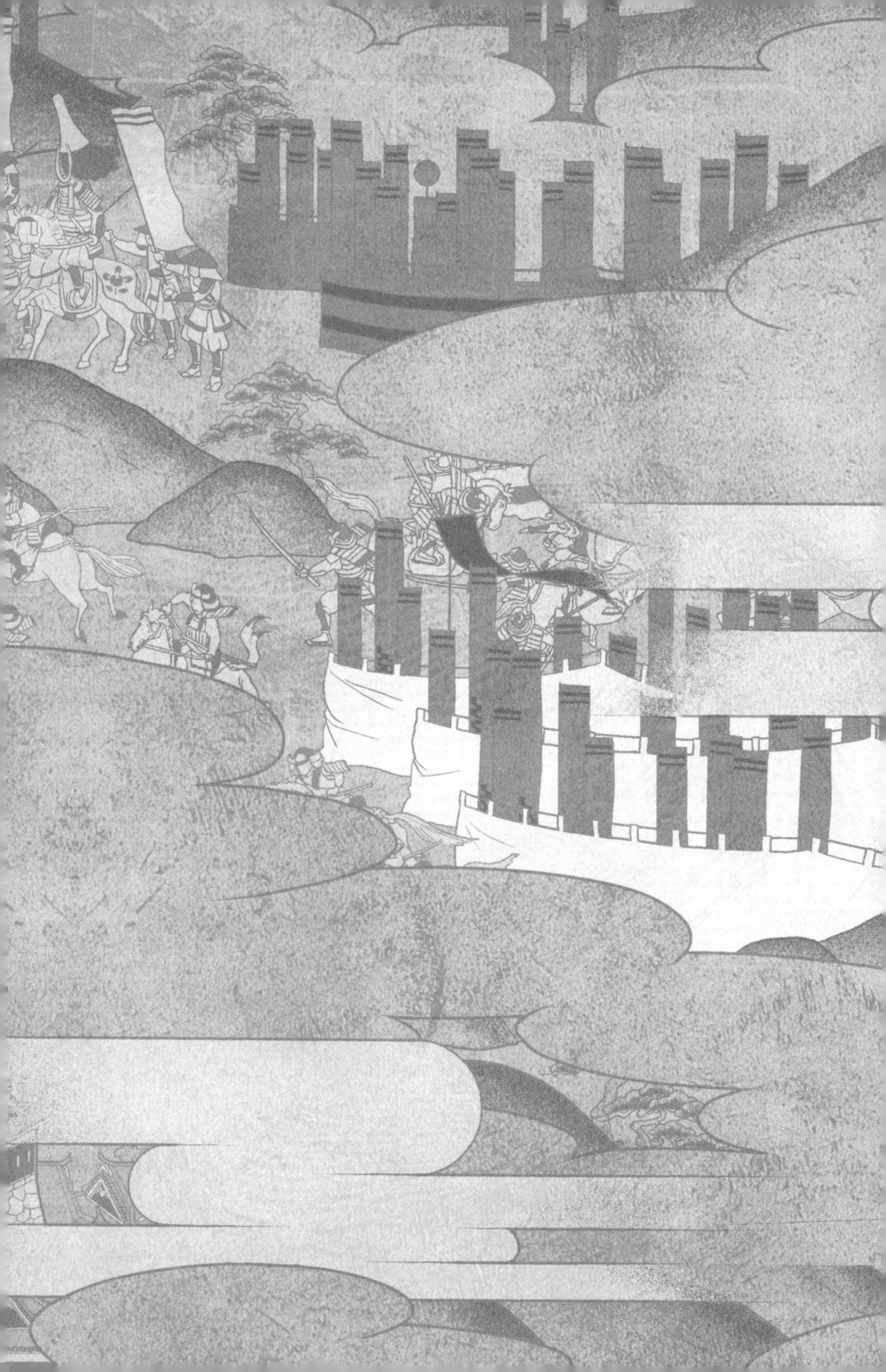